ATLAS

DEL NUEVO ORDEN

MUNDIAL

PAIDÓS HISTORIA CONTEMPORÁNEA

Títulos publicados

GÉRARD CHALIAND

ATLAS
DEL NUEVO ORDEN
MUNDIAL

Cartografía: Nicolas Rageau

PAIDÓS

Título original: *Atlas du nouvel ordre mondial*
Publicado en francés, en 2003, por Éditions Robert Laffont, París

Traducción de Jordi Terré

Cubierta de Joan Batallé

© 2003 Éditions Robert Laffont, S. A., París
© ilustración de cubierta: Earth Imaging, Terence Beddis y Jim Ballard / GettyImages
© 2004 de la traducción, Jordi Terré
© 2004 de todas las ediciones en castellano,
  Ediciones Paidós Ibérica, S.A.,
  Mariano Cubí, 92 - 08021 Barcelona
  http://www.paidos.com

ISBN: 84-493-1643-X
Depósito legal: B-44.106/2004

Impreso Gràfiques 92, S. A.
Av. Can Sucarrats, 91 - 08191 Rubí (Barcelona)

Impreso en España - Printed in Spain

En memoria de mi amigo Marcel Ribet

Sumario

Prólogo

Fue necesaria la crisis diplomática provocada por el proyecto de la administración de G. W. Bush de concluir la «guerra inacabada» de Irak para que se mostrara con claridad que Estados Unidos se había convertido, después de doce años, en el único polo mundial con las consecuencias que este estatuto implicaba. El nuevo orden mundial al que, en su época, había aludido el padre del presidente George W. Bush, inmediatamente después de la primera guerra contra Irak (1991), era la consecuencia de la desaparición de cualquier otro Estado de idéntico poder militar.

La hegemonía estadounidense podía, en un primer momento, a pesar de un triunfo tan brillante como inesperado, expresarse de manera reservada, pero era un estado de hecho, no una opinión. Después de que, de forma irónica, se produjera el deterioro del Estado soviético, parecía como si, tanto en Europa central como en la periferia meridional de la Federación de Rusia, se asistiera no ya a la contención que había caracterizado la Guerra Fría, sino al retroceso (*roll back*) que antaño habían deseado sin conseguirlo los Estados Unidos de John Foster Dulles, al comienzo de la década de 1950. Mientras tanto (hacía tiempo que la descolonización había concluido), la Unión Europea disfrutaba de un período de paz prolongada y de una relativa prosperidad, al tiempo que sus envejecidas poblaciones no se inquietaban mucho por una multiplicación acelerada de sus miembros, que sólo podía complicar un eventual reforzamiento de sus instituciones.

Es sorprendente comprobar que quince Estados más poblados que Estados Unidos, y económicamente tan ricos como él, hayan podido, en el curso de los dos últimos decenios, hacer depender su seguridad de un aliado, por cercano que fuera. No se había extraído ninguna lección de la desaparición de la Unión Soviética. Todo lo más, un presidente francés había mostrado su inquietud por la reunificación de Alemania, como si ésta fuera la consecuencia principal del desmoronamiento de la URSS.

Aun más, y cualquiera que fuese la opinión que se tuviera, era patético ver cómo, en el curso de la década de 1990, una Europa en la que tres Estados, Alemania, Gran Bretaña y Francia, que sumaban doscientos millones de habitantes, apelaban dos veces a Estados Unidos para resolver los conflictos de Bosnia y de Kosovo frente a una potencia media como Serbia. Más tarde, Estados Unidos intervendría para zanjar una disputa entre España y Marruecos a propósito de un islote en el Mediterráneo. ¿Se habrán convertido los europeos en los «jubilados de la gran Historia»?[1]

Verificar la hegemonía imperial de la democracia estadounidense no es una demostración de antiamericanismo: esta hegemonía se materializa en el hecho de que Estados Unidos, como demostraron a su manera la crisis y la guerra de Irak, dicta el derecho, lo ejecuta e intenta hacerlo ejecutar.

---

1. La expresión pertenece a Marcel Gauchet.

Introducción

Estados Unidos, marcado desde su fundación por una herencia puritana y un apego sin tacha a la libertad y a la democracia, se siente investido por un destino excepcional. Según las épocas, éste se traduce en un aislacionismo político o en una cruzada en nombre de la democracia. Y eso sin descuidar el cerco de su *hinterland* ni, en las postrimerías del siglo XIX, el control del Caribe y los puntos de apoyo del Pacífico norte. El hemisferio oeste es estadounidense.

A finales del pasado siglo, Estados Unidos, tras el desmoronamiento de su rival, se encuentra frente a una situación inédita: un mundo repentinamente unipolar en el que su hegemonía no admite discusión, posición que ningún país europeo disfrutó en el transcurso del último milenio. ¿Qué Estado no se vería tentado, en una situación similar, a aprovechar su ventaja de una manera u otra?

El proyecto de asumir y reivindicar todas las prerrogativas de esta hegemonía, especialmente en el plano militar, es ya desde hace años el objetivo de aquellos a quienes se llama neoconservadores.[1] Estos últimos se encuentran próximos, en este plano, a los conservadores más clásicos, como Dick Cheney o Donald Rumsfeld. Esta corriente, en el seno de la administración Bush, es unilateralista y se opone a cualquier obligación institucional o jurídica que pueda obstaculizar la libertad de acción de Estados Unidos. El 11 de septiembre de 2001 les proporcionó la oportunidad de hacer triunfar su orientación. Poniendo como pretexto la lucha antiterrorista, cuyo símbolo marcial encarnó G. W. Bush, los «halcones del Pentágono» no perdieron tiempo para hacer avalar los proyectos anteriores al 11 de septiembre: un incremento del presupuesto militar y la guerra contra Irak (pretextando sus vínculos con Al-Qaeda). El rápido éxito militar en Afganistán sirvió al «gran proyecto» de los neoconservadores: cambiar el régimen de Bagdad y, fomentando la emergencia de un Estado con vocación democrática, influir en los Estados de Oriente Medio para favorecer en ellos la eclosión de la democracia. La democracia instrumentalizada toma, de esta forma, el relevo de los derechos humanos y apunta primeramente, como antes éstos, a los regímenes adversos.

En enero de 2002, la administración de G. W. Bush designa los Estados que forman parte del «eje del mal», y después, una vez tomada la decisión de atacar Irak (agosto de 2002), anuncia su nueva estrategia de prevención (septiembre de 2002): «En cada ocasión, nuestro objetivo consistirá en eliminar una amenaza precisa contra Estados Unidos o contra nuestros aliados y amigos. Las razones de nuestros actos serán claras, las fuerzas proporcionadas y la causa justa».[2]

---

1. Paul Wolfowitz, Richard Perle, Elliot Abrams, Douglas Feith, Scooter Libby y Michael Ledeen, ahora en el dispositivo republicano, e incluso otros como William Kristol o Robert Kagan.

---

2. The National Security Strategy of the USA, La Casa Blanca, septiembre de 2002.

El régimen de Sadam Husein, sin duda alguna, discriminaba y oprimía, en ocasiones con mucha severidad, a una mayoría de su población. Pero las razones invocadas como objetivo de la guerra y el rápido posicionamiento de las tropas angloestadounidenses decidido por Washington y Londres no arrastraron la adhesión de numerosos Estados aliados, aunque reticentes frente al unilateralismo estadounidense. Estas discrepancias se dirigían más contra el estilo adoptado por los nuevos césares del Pentágono que contra Estados Unidos, cuya alianza es fundamental tanto para todos los europeos como para los japoneses. La manipulación de la opinión pública estadounidense, preocupada sin tregua a lo largo del año 2002 por el anuncio de un atentado inminente, favorecía a la administración Bush, pero parecía más un instrumento de presión psicológica que la expresión de los informes policiales. El imperativo de la seguridad promovía la reducción de las libertades. La diferencia de atmósfera con respecto a Gran Bretaña, otro país beligerante (no atacado desde luego el 11 de septiembre), era flagrante. Finalmente, la guerra estalló. La caída del régimen fue acogida con beneplácito especialmente por los kurdos y los chiíes (el 80 % de la población). Luego, por una serie añadida de razones determinadas, las condiciones cambiaron mucho. Estados Unidos necesita una aportación de hombres y dinero. El futuro dirá si las condiciones económicas en Estados Unidos y la situación en Irak, e incluso en Afganistán, resultarán fatales para la reelección de G. W. Bush. Ésta dependerá también de la capacidad que tengan los demócratas para encontrar un candidato creíble que pueda hacer frente a las situaciones conflictivas en las que está involucrado Estados Unidos.

Nada está decidido todavía. Sin embargo, se puede afirmar sin mucho temor a equivocarse que el «gran proyecto», tal como fue explicitado por los neoconservadores, no verá la luz en Oriente Medio. Por el contrario, en términos de *realpolitik*, la presencia estadounidense en Irak puede revelarse peligrosa para el programa nuclear iraní y provechosa para las ambiciones del Likud[3] en materia territorial.

Sin embargo, un fracaso en Irak sería mucho más que un fracaso de los neoconservadores y del presidente G. W. Bush. El problema último consistirá quizás, en caso de una eventual derrota electoral de G. W. Bush, en ver qué es lo que subsistirá de las orientaciones circunstanciales adoptadas por esta administración y lo que permanecerá a causa del estatuto de potencia hegemónica de Estados Unidos.

No existe un mundo multipolar a la vista porque no existe unidad entre los europeos, Rusia carece de medios a la altura de sus ambiciones, el único empeño japonés gira siempre en torno a la economía y China necesita tiempo. En definitiva, porque únicamente Estados Unidos, sean cuales sean sus dificultades y sus errores, tiene la flexibilidad y el dinamismo necesarios para hacer frente, antes que los demás, a las mutaciones y los desafíos.

---

3. En general, la sensibilidad estadounidense es más proisraelí que la de los europeos. Esto se debe no sólo al hecho de que Israel es un aliado seguro y una democracia, sino también a la familiaridad con el Antiguo Testamento y su lectura, tan importante entre los protestantes de todas las creencias (los evangelistas no son los más tibios defensores de Israel). Contrariamente al tópico, el lobby proisraelí no es sólo judío, ni mucho menos.

BREVE REPASO HISTÓRICO

Los Balcanes *de ayer a hoy*

Hasta 1878, los Balcanes, con excepción de Grecia, libre desde 1830, hacía más de cuatro siglos que se encontraban fundamentalmente bajo la dominación otomana.

Los Imperios Habsburgo y Otomano, siempre rivales, tuvieron que enfrentarse al ascenso de los nacionalismos que, irresistiblemente, desde la aparición con la Revolución francesa del concepto de Estado-nación, no dejaron de progresar en Europa, y pronto más allá. Rusia se erigió en protectora de Yugoslavia. Austria, que administraba desde 1878 Bosnia-Herzegovina, la anexionó en 1908. Y se consolidó el proyecto de la Gran Serbia. Las cuestiones albanesa y macedonia constituían el punto de mira de las guerras balcánicas de 1912-1913. En la primera, Serbia, Montenegro, Bulgaria y Grecia hicieron causa común contra el Imperio Otomano. En la segunda, estos mismos Estados en formación se disputaron la posesión de los territorios arrancados al imperio: Macedonia, Albania y Tracia. La que se mostró más perjudicada fue Albania: el problema de Kosovo es una de sus consecuencias. Por lo que respecta a los nacionalistas macedonios, activos desde comienzos de siglo, se vieron condenados a tres décadas de luchas clandestinas caracterizadas por el uso del terrorismo.

Después de la Primera Guerra Mundial, en la que desaparecieron los Imperios Habsburgo y Otomano, Yugoslavia se presentó como el Estado de los eslovenos, los serbios y los croatas. Se trataba, como suele suceder después de la desaparición de un imperio multinacional, de un mosaico étnico-religioso muy variado, a menudo larvado por animosidades históricas: líneas de fractura religiosa y fronteras militares que originaron violentas tradiciones guerreras, desplazamientos o deportaciones de poblaciones. La ideología marxista-leninista del titismo fue la que, en nombre de la lucha de clases erigida como explicación de la Historia, mantuvo unidos estos fragmentos imperiales sobre la base de una ideología que trascendía las nacionalidades sin dejar de concederles un lugar. Sin embargo, a lo largo de la Segunda Guerra Mundial, los enfrentamientos fueron especialmente sanguinarios entre el Estado croata pro alemán, que controlaba Bosnia-Herzegovina, y los serbios.

El hundimiento del sistema comunista europeo no podía desembocar más que en el retorno de los nacionalismos, en primer lugar el de los serbios, cuyo dirigente Milosevic suprimiría pronto el estatuto de autonomía del que disfrutaba hasta entonces Kosovo, fundamentalmente poblado por albaneses.

Estos nacionalismos «inacabados» se expresaron agresivamente en la década de 1990 con limpiezas étnicas, las más atroces llevadas a cabo por los más fuertes.

En el curso del siglo pasado, asistimos al genocidio de los armenios en el Imperio Otomano, durante la Primera Guerra Mundial, luego a los genocidios de los judíos y de los gitanos, durante la Segunda Guerra Mundial, seguidos por la expulsión de alrededor de catorce millones de alemanes de diversos países de Europa central y oriental. La tragedia yugoslava es el último acto de este proceso.

Las limpiezas étnicas en Yugoslavia, aunque previsibles a la luz del pasado, sólo pudieron detenerse cuando ya era demasiado tarde.

EL POLVORÍN DE LOS BALCANES AYER

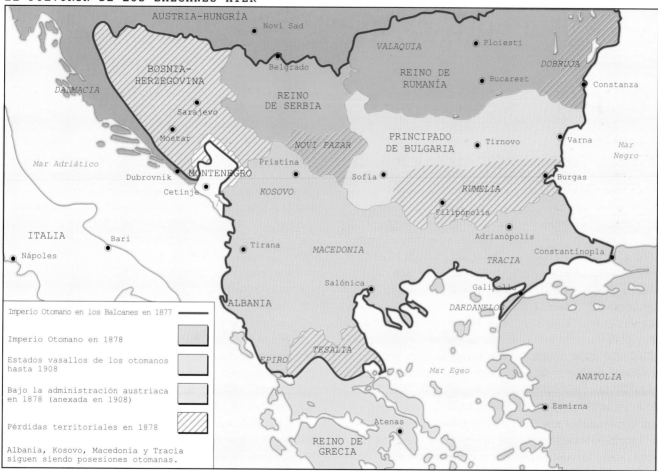

AUSTRIA-HUNGRÍA

Novi Sad

VALAQUIA

Ploiesti

DOBRUJA

DALMACIA

BOSNIA-HERZEGOVINA

Belgrado

REINO DE RUMANÍA

Bucarest

Constanza

Sarajevo

REINO DE SERBIA

Mostar

NOVI PAZAR

PRINCIPADO DE BULGARIA

Tirnovo

Varna

Mar Negro

Pristina

Mar Adriático

Dubrovnik   MONTENEGRO

Sofía

Burgas

Cetinje

KOSOVO

RUMELIA

ITALIA

Bari

Filipópolis

17

Nápoles

Tirana

MACEDONIA

Adrianópolis

Constantinopla

TRACIA

Salónica

Galípolis

ALBANIA

DARDANELOS

ANATOLIA

EPIRO   TESALIA

Mar Egeo

Atenas

Esmirna

REINO DE GRECIA

Imperio Otomano en los Balcanes en 1877

Imperio Otomano en 1878

Estados vasallos de los otomanos hasta 1908

Bajo la administración austriaca en 1878 (anexada en 1908)

Pérdidas territoriales en 1878

Albania, Kosovo, Macedonia y Tracia siguen siendo posesiones otomanas.

La Rusia bolchevique *y la cuestión nacional*

Lo que se llamaba la cuestión nacional en el vocabulario marxista-leninista se convirtió, gracias a la «glasnost», en una de las causas principales del fracaso político de Mijail Gorbachov. No, como algunos creían, en el Asia central musulmana, sino en los países bálticos y en el Cáucaso. A partir del momento en que el descontento y las frustraciones pudieron expresarse libremente, en tanto que se desmoronaban las condiciones económicas y las instituciones, los diversos nacionalismos europeos contribuyeron a acentuar fuertemente la crisis del Estado soviético. A esta corriente se opuso, sin matices, Mijail Gorbachov en la tradición de la Gran Rusia. El dominio soviético durante setenta años en el Cáucaso y cuarenta años en los países bálticos no pudo sofocar las reivindicaciones nacionales. El Imperio soviético se hundía, sin mayores conmociones, dando lugar a nuevas situaciones geopolíticas que despertaban el interés de países vecinos como, por ejemplo, Turquía e Irán, pero estas nuevas situaciones sobre todo cambiaban de forma radical las perspectivas globales de Estados Unidos. En cuanto a China, se ratificaba en su elección de las reformas económicas reglamentadas por la dictadura del Partido.

LA PERIFERIA DE LA RUSIA BOLCHEVIQUE EN 1918-1920 Y LAS CUESTIONES NACIONALES

Países que acceden a la independencia (1918/1920)

Proyecto de cinturón antibolchevique

NORUEGA

FINLANDIA

Helsinki

SUECIA

Mar
Báltico

Petrogrado

ESTONIA

LETONIA

RUSIA
BOLCHEVIQUE

Danzig

LITUANIA

Moscú

POLONIA

BIELORRUSIA

Varsovia

PODOLIA

GALICIA
OR.

Kiev

CHECOS-
LOVAQUIA

Járkov

UCRANIA

RUMANÍA

Odesa

Mar
Negro

Mar
Caspio

GEORGIA Tiflis

Bakú

ARMENIA

TURQUÍA

Eriván

AZERBAIYÁN

El mundo *en 1988*

En 1988, hacía más de cuarenta años que el mundo era bipolar y los conflictos que se habían producido desde el comienzo de la Guerra Fría se percibían o interpretaban la mayoría de las veces según una cómoda clave explicativa: ¿a cuál de los dos protagonistas beneficiaba?

Como consecuencia, su significación regional o local se consideró secundaria o desdeñable. La percepción de su seguridad que podían tener otros Estados al sur del planeta —al preceder sus intereses geopolíticos, para algunos de ellos, al período colonial— se descuidó con frecuencia.

La desaparición del mundo bipolar hará retornar rápidamente la atención hacia esos factores.

En 1988, la URSS no ofrecía el mismo aspecto que en el decenio precedente. Ya no estamos en el período en que Estados Unidos, en política exterior, a pesar de algunos avances —la ideología de los derechos humanos, Camp David, etc.—, se retiraba de Vietnam, políticamente derrotado (1973), veía cómo caía Saigón (1975), sufría fracasos en Angola (1976), en Etiopía (1977), en Afganistán (1978), en Nicaragua (1979) y en Irán (1979), y contemplaba la intervención en Afganistán de las tropas soviéticas, por vez primera fuera de los países miembros del Pacto de Varsovia (1979).

La respuesta estadounidense en el curso de la década de 1980 comenzó con el apoyo a los «contras» en Nicaragua, a Jonas Savimbi en Angola y a los combatientes afganos. La CIA, con ayuda financiera de Arabia Saudí y la cooperación de Pakistán, respaldó a los islamistas más radicales, como Gulbudin Hekmaktyar, así como a los voluntarios musulmanes que acudieron para participar en la *yihad*.

La llegada al poder de Mijail Gorbachov (1985) y el giro inesperado de su política exterior deseosa de disminuir la tensión del período Breznev vinieron acompañados por reformas internas. Sin embargo, los objetivos perseguidos inicialmente en el plano interno por Mijail Gorbachov —reestructuración económica con el fin de ganar eficacia y reducir los bloqueos burocráticos manteniendo la dirección del Partido— tropezaron con las cuestiones nacionales y la desorganización económica y administrativa.

Entre 1989 y 1991, el sistema comunista europeo bajo dominio soviético se derrumbó con repercusiones que afectaron tanto a Yugoslavia como a Afganistán, Angola, Etiopía o Nicaragua.

EL MUNDO BIPOLAR EN 1988

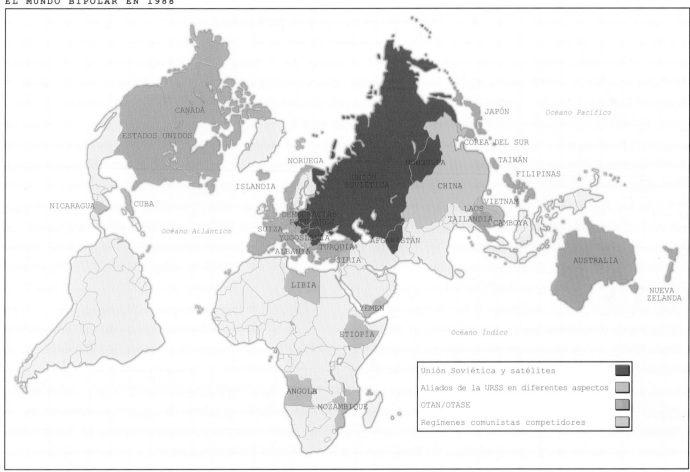

Unión Soviética y satélites	
Aliados de la URSS en diferentes aspectos	
OTAN/OTASE	
Regímenes comunistas competidores	

EL NUEVO ORDEN MUNDIAL EN GESTACIÓN

nuevo orden
mundial

La ampliación progresiva *de la OTAN*

Impensable a mediados de la década de 1980, los Estados antes miembros del Pacto de Varsovia pasaron en adelante a formar parte de la OTAN, o lo harán pronto.

La «Europa Central», que fue durante cuatro decenios la obsesión de los Estados mayores y el epicentro geopolítico del conflicto Este-Oeste, no es ya más que un recuerdo. El papel central que ocupaba Europa tras el final de la Segunda Guerra Mundial, habida cuenta de la presencia militar rusa incluso en Berlín, pertenece al pasado. Los Estados a partir de ahora libres de Europa, antes llamados equivocadamente «del Este», saben que deben su libertad a Estados Unidos y que éste, en última instancia, es asimismo el garante de su seguridad. Tampoco es sorprendente que se hayan alineado unánimemente a su lado durante la crisis diplomática desencadenada por la perspectiva de la guerra contra Irak. Y eso, en opinión de quienes se opusieron a la guerra, a pesar del hecho de que estos Estados pasarán a formar pronto parte de la Unión Europea.

Aún peor, Polonia optaba por la compra de material militar estadounidense, prefiriéndolo a las ofertas europeas.

Después de las operaciones aéreas sobre Kosovo, el papel de la OTAN no dejó de minimizarse, y esta organización se mostraba, por el momento, más como un instrumento de influencia política y diplomática de Estados Unidos que como un instrumento militar.

La crisis iraquí puso en evidencia hasta qué punto el fin de la Guerra Fría y la hegemonía consolidada de Estados Unidos tendían a marginar a determinadas instituciones internacionales a partir del momento en que éstas ponían obstáculos a la libertad de acción de Estados Unidos.

Señalemos que Polonia tiene el mando, en Irak, sobre el contingente de tropas que no pertenecen a la coalición inicial. Que Hungría, Rumanía y Bulgaria sirvieron de bases para la operación iraquí y que estos países estarían dispuestos, si es necesario, a convertirse en bases próximas al teatro de operaciones de Oriente Medio. Las fuerzas de policía iraquíes se entrenarán en Hungría.

En mayo de 2003, Estados Unidos firmó con Albania, Macedonia y Croacia un tratado de cooperación «americano-adriático».

¿Habrá una Europa de la defensa o nos contentaremos más modestamente con una Europa de la seguridad?

Seis países de entre los quince de la Unión —Francia, Alemania, Gran Bretaña, Italia, España y Suecia— decidieron, en 2002, en una «Carta de intención», adoptar normas comunes y armonizar su política de defensa.

No será la primera iniciativa de defensa que no habrá tenido éxito. Más recientemente, Alemania, Francia, Bélgica y Luxemburgo emprendieron una iniciativa semejante. En el plano de los hechos, la distancia entre los presupuestos de investigación de defensa entre Estados Unidos y Europa, que es de 1 a 4 (2002), tiende a incrementarse, mientras que la defensa europea sigue

LA AMPLIACIÓN PROGRESIVA DE LA OTAN

ISLANDIA

OTAN

aceptados en 1999

aceptados en 2004

miembros a medio plazo

candidatos posibles

SUECIA
FINLANDIA
NORUEGA
REINO UNIDO
EIRE
DINAMARCA
ESTONIA
LETONIA
LITUANIA
RUSIA
BIELORRUSIA
HOLANDA
BÉLGICA
ALEMANIA
POLONIA
LUXEMBURGO
REP. CHECA
Océano Atlántico
ESLOVAQUIA
UCRANIA
FRANCIA
SUIZA
AUSTRIA
HUNGRÍA
MOLDAVIA
Mar
Caspio
ESLOVENIA
CROACIA
RUMANÍA
PORTUGAL
BOSNIA
SERBIA
GEORGIA
AZERBAIYÁN
MONTENEGRO
KOSOVO
BULGARIA
Mar Negro
ESPAÑA
ITALIA
MACEDONIA
ALBANIA
Mar
Mediterráneo
GRECIA
TURQUÍA

siendo sólo un proyecto. El presupuesto militar de Estados Unidos es, como mínimo, el doble del europeo.

Pero la comparación con Estados Unidos no debe hacer pasar por alto que, en su escala, Europa ha hecho muy poco para formular y para promover un programa común. Y ello no solamente a causa de la insuficiencia de los presupuestos, sino también porque las divergencias entre los Estados miembros son profundas, y no se ha puesto de manifiesto ninguna voluntad para pasar de los proyectos a la realidad con la finalidad de consagrarse a colmar atrasos cada vez más importantes (observación, proyección, misiles balísticos, aviones de reconocimiento tácticos, helicópteros de ataque, etc.). El futuro dirá si la miniunión de defensa habrá sabido trascender el terreno de las intenciones y constituir el embrión de una fuerza autónoma. Es lícito ponerlo en duda.

En materia de presupuesto militar, muy por detrás de Estados Unidos, que los supera a todos juntos, están, por orden, los siguientes Estados: Rusia, China, Japón, Gran Bretaña, Francia, Alemania, Suráfrica, Brasil, India, Corea del Sur, Turquía, Israel, Canadá, Irán, México y Paquistán.

La ampliación de *la Unión Europea*

De quince miembros, de los cuales algunos no aceptaron el euro como nueva moneda, la Unión Europea decidió ampliarse a veinticinco miembros en 2004.

Los nuevos Estados incluyen a Chipre, el norte de cuya isla es una república turca autoproclamada, sólo reconocida por Turquía. No parece probable que el ejército turco contemple una modificación del estatuto de la parte que ocupa militarmente desde 1974.

El proyecto de constitución elaborado bajo la batuta de Valéry Giscard d'Estaing, cualquiera que sea la valoración que se haga de él, llega sin el menor género de dudas demasiado tarde en un marco demasiado amplio como para suscitar otra cosa que un consenso reticente. Quizá se hubieran debido definir previamente algunas reglas establecidas para formar parte de la Unión.

Dos concepciones se han puesto de relieve, desde hace ya mucho tiempo, en lo que concierne al proyecto de Unión Europea. Una, la de los británicos y algunos otros, como los daneses o los holandeses, consiste en establecer una extensa zona de librecambio vinculada política y militarmente, de un modo estrecho, a Estados Unidos. Según la otra, inspirada en el gaullismo, Europa se conferiría un proyecto político y una potencia militar capaz de imponer su voluntad en su esfera de influencia geopolítica. Sin oponerse a Estados Unidos, esta concepción aspiraría a una mayor independencia política y al desempeño de un papel no desdeñable en el mundo.

La crisis diplomática provocada por la perspectiva de la guerra de Irak fue un indicador por lo que se refiere al estado de evolución de una eventual voluntad política autónoma de Europa y del consenso que reina en su seno.

Los Estados europeos que se opusieron a la disciplina marcial de Estados Unidos fueron poco numerosos. La concepción británica de la Unión Europea, que no aspira a otra meta que el librecambio y el alineamiento tradicional con Estados Unidos en las opciones políticas más importantes, fue reforzada por numerosos países entre los quince miembros de la Unión. Sin contar con la postura de los diez candidatos admitidos para

Algunas perspectivas demográficas

	2002	2025
Alemania	82	79
España	40	38
Italia	58	53
Francia	59	63
Polonia	39	37
Rumanía	23	21
Gran Bretaña	59,5	61,5
Turquía	68	87

Fuente: ONU

LA AMPLIACIÓN DE LA UNIÓN EUROPEA

Unión Europea	
Integrados en 2004	
Integrables en 2007	
Candidato	

ISLANDIA

SUECIA FINLANDIA

NORUEGA

FEDERACIÓN DE RUSIA

ESTONIA

EIRE

DINAMARCA

LETONIA

LITUANIA

REINO UNIDO

BIELORRUSIA

HOLANDA

BÉLGICA

ALEMANIA

POLONIA

LUXEMBURGO

REP. CHECA

UCRANIA

Océano Atlántico

ESLOVAQUIA

FRANCIA SUIZA AUSTRIA

HUNGRÍA

MOLDAVIA

ESLOVENIA

RUMANÍA

Mar Caspio

PORTUGAL

GEORGIA

AZERBAIYÁN

Mar Negro

ARMENIA

ESPAÑA

ITALIA

BULGARIA

Mar Mediterráneo

TURQUÍA

GRECIA

MALTA

CHIPRE

2004 y los que lo serán en 2007, Rumanía y Bulgaria, ambos alineados también con la posición estadounidense.

Entre los doce candidatos a la Unión Europea, incluida Turquía, la tasa de crecimiento de la población por cada mil habitantes es negativa para ocho de ellos. Para Chipre (griega) es del 3,5 %, para Malta del 3 %, para Eslovaquia del 1,4 % y para Polonia del 0,3 %. La de Turquía es del 14,8 %.

Para estos mismos países, la inflación del índice de precios al consumo oscila entre el 10 y el 12 % en Bulgaria, Polonia, Eslovaquia y Hungría, y supera el 45 % en Rumanía y el 55 % en Turquía.

Posición política de los Estados
durante la crisis política iraquí

La perspectiva de la guerra en Irak, una guerra de elección, no de necesidad, como se ha definido, provocó reacciones diplomáticas a escala planetaria.

Estados Unidos no obtuvo el aval de la Organización de las Naciones Unidas, a pesar del esfuerzo realizado por Colin Powell, al haberse topado Washington con la hostilidad de un número importante de miembros del Consejo de Seguridad.

Las oposiciones más firmes se debieron, sobre todo, a Francia, Alemania, Bélgica y Rusia, y, más discretamente, a China. Un número relativamente poco importante de Estados permanecieron indecisos, y otros, todavía menos numerosos, no se pronunciaron.

De forma general, el unilateralismo estadounidense, por diversas razones, sólo fue respaldado modestamente. Pocos Estados importantes, entre los llamados del Sur, se adhirieron a la posición estadounidense. Es destacable el inesperado rechazo de Turquía, hasta entonces un aliado sin discrepancias importantes con Estados Unidos.

32

LA ACTITUD DE LOS ESTADOS DURANTE LA CRISIS DIPLOMÁTICA IRAQUÍ

SUECIA
REINO UNIDO
DINAMARCA
ESTONIA
LETONIA
LITUANIA
IRLANDA
HOLANDA
ALEMANIA
POLONIA
BÉLGICA
REP. CHECA
LUXEMBURGO
AUSTRIA
HUNGRÍA
FRANCIA
ESLOVAQUIA
CROACIA
RUMANÍA
ITALIA
VATICANO
BULGARIA
ESPAÑA
ALBANIA
MACEDONIA
PORTUGAL
GRECIA
TURQUÍA
GEORGIA
AZERBAIYÁN
UZBEKISTÁN
SIRIA
TÚNEZ
IRAK
KUWAIT
AFGANISTÁN
MARRUECOS
ARGELIA
LIBIA
EGIPTO
ARABIA
SAUDÍ
PAKISTÁN
CHINA
COREA
DEL NORTE
COREA
DEL SUR
INDIA
JAPÓN
TAIWÁN
SAHARA OC.
MAURITANIA
MALI
NÍGER
CHAD
SUDÁN
ERITREA
YIBUTI
SENEGAL
GAMBIA
BURKINA
FASO
NIGERIA
ETIOPÍA
TAILANDIA
GUINEA BISSAU
GUINEA
TOGO
GHANA
FILIPINAS
SIERRA LEONA
COSTA DE
MARFIL
BENÍN
REP.
CENTROAFRICANA
CAMERÓN
MALAISIA
LIBERIA
GUINEA ECUATORIAL
GABÓN
REP. DEM.
CONGO
KENIA
CONGO
BURUNDI
TANZANIA
INDONESIA
ANGOLA
MALAWI
ZAMBIA
ZIMBABUE
MADAGASCAR
NAMIBIA
BOTSUANA
MOZAMBIQUE
SUAZILANDIA
LESOTO
SURÁFRICA
AUSTRALIA
ALASKA
(ESTADOS UNIDOS)
CANADÁ
ESTADOS UNIDOS
MÉXICO
CUBA
GUATEMALA
HONDURAS
EL SALVADOR
NICARAGUA
VENEZUELA
PANAMÁ
COLOMBIA
ECUADOR
BRASIL
PERÚ
BOLIVIA
ARGENTINA
CHILE
RUSIA
NUEVA ZELANDA

sí a la guerra
no a la guerra
indecisos

33

Bases estadounidenses
en el continente euroasiático

Nunca la presencia militar en el mundo fue tan importante como inmediatamente después del 11 de septiembre de 2001.

Los «neoconservadores» de la administración Bush, mayoritariamente presentes en el Pentágono, tenían la intención, ya desde hacía años, de beneficiarse de toda la ventaja política conferida a Estados Unidos por la desaparición de la Unión Soviética. El trauma representado por el 11 de septiembre de 2001 facilitó a Paul Wolfowitz la designación, a partir del 12 de septiembre, de Irak como objetivo, y la imposición de su táctica a los partidarios de la línea ofensiva conceptualizada como de «guerra preventiva». En ausencia de una alternativa dinámica, esta opción no tuvo grandes dificultades para imponerse, reforzada por el apoyo de una opinión pública traumatizada por el 11 de septiembre de 2001, y persuadida de la inminencia del peligro representado por el régimen y los proyectos de Sadam Husein. La ayuda indirecta aportada por el equipo de Tony Blair fue diplomática y psicológicamente importante a este respecto.

Actualmente, Estados Unidos está presente en Irak y en Afganistán, y sus fuerzas, incluso sin ser numéricamente significativas, se encuentran, de forma inédita, en Uzbekistán, Kirguizistán y Georgia. Sin contar con las nuevas bases en Europa central y danubiana: Hungría, Rumanía y Bulgaria.

La ambigüedad de Arabia Saudí, confirmada inmediatamente después del 11 de septiembre, llevó a Estados Unidos a privilegiar a Qatar. El rechazo turco durante la guerra de Irak determinaba provisionalmente un relativo desentendimiento de la base de Incirlik.

BASES ESTADOUNIDENSES EN EL CONTINENTE EUROASIÁTICO

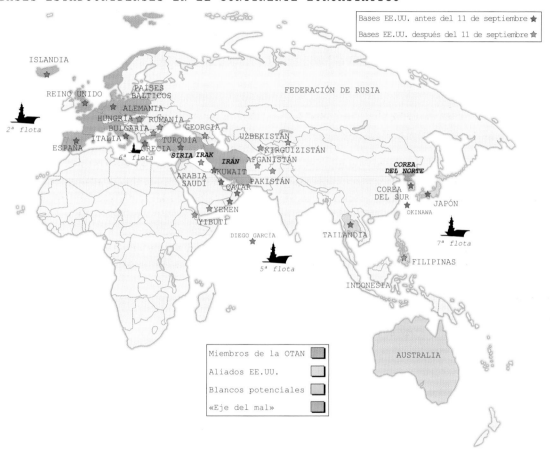

Bases EE.UU. antes del 11 de septiembre ★
Bases EE.UU. después del 11 de septiembre ★

ISLANDIA
REINO UNIDO
PAÍSES BÁLTICOS
FEDERACIÓN DE RUSIA
ALEMANIA
HUNGRÍA RUMANÍA
2ª flota
BULGARIA GEORGIA
ITALIA TURQUÍA UZBEKISTÁN
ESPAÑA GRECIA KIRGUIZISTÁN
6ª flota SIRIA IRAK
IRÁN AFGANISTÁN
KUWAIT COREA DEL NORTE
ARABIA SAUDÍ PAKISTÁN
QATAR COREA DEL SUR
YEMEN JAPÓN
YIBUTI OKINAWA
DIEGO GARCÍA TAILANDIA 7ª flota
5ª flota FILIPINAS
INDONESIA
AUSTRALIA

Miembros de la OTAN
Aliados EE.UU.
Blancos potenciales
«Eje del mal»

35

La presencia estadounidense
en el Pacífico asiático

Con la región militar que se extiende desde el cuerno de África hasta el Asia central, que tiene como epicentro el Oriente Medio, el Pacífico asiático constituye la otra región complicada y esencial para el dispositivo estadounidense.

El resto del mundo no plantea problemas conflictivos importantes ahora que la Unión Soviética ya no existe y Rusia considera fundamentales sus relaciones con Estados Unidos, aun cuando se manifiesten sus discrepancias.

El Pacífico, ya desde hace tiempo, es un océano ante todo estadounidense. La gran Asia, la que se extiende desde el subcontinente indio hasta Japón, es al mismo tiempo la región más poblada del mundo y la región en la que compiten las economías dinámicas para cambiar la faz del siglo XXI, tal como Japón marcó con su dinamismo una parte importante de la segunda mitad del siglo XX.

Gracias a sus aliados, Japón, Corea del Sur (aun cuando sus relaciones son menos cordiales), Taiwán, Filipinas, Indonesia, Australia, Nueva Zelanda y, eventualmente, la India (lo que parece probable), Estados Unidos se muestra dispuesto a seguir desempeñando el papel de árbitro en esta vasta región durante un tiempo indeterminado.

BASES ESTADOUNIDENSES EN EL PACÍFICO ASIÁTICO Y PUNTOS DE APOYO

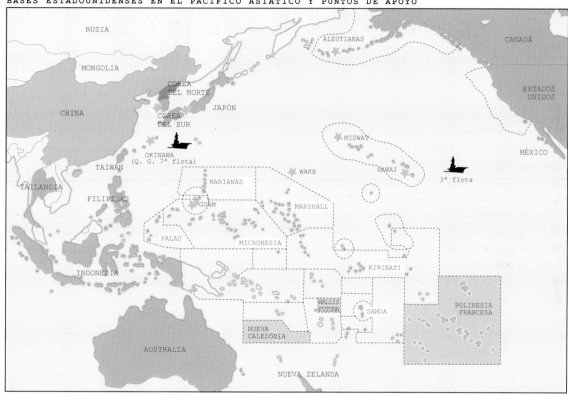

RUSIA

ALEUTIANAS

CANADÁ

MONGOLIA

ESTADOS
UNIDOS

COREA
DEL NORTE

CHINA

JAPÓN

COREA
DEL SUR

MIDWAY

MÉXICO

OKINAWA
(Q. G. 7ª flota)

TAIWAN

WAKE

HAWAI

TAILANDIA

MARIANAS

3ª flota

FILIPINAS

GUAM

MARSHALL

PALAU

MICRONESIA

INDONESIA

KIRIBATI

WALLIS
FUTUNA

SAMOA

POLINESIA
FRANCESA

NUEVA
CALEDONIA

AUSTRALIA

NUEVA ZELANDA

37

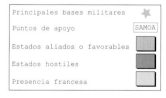

Principales bases militares	⭐
Puntos de apoyo	SAMOA
Estados aliados o favorables	
Estados hostiles	
Presencia francesa	

El nuevo orden internacional
en la periferia rusa

Entre las consecuencias del hundimiento de la Unión Soviética, no es de las menores la independencia de las seis repúblicas musulmanas, desde Azerbaiyán hasta Kazajstán.

Ya se ha señalado en múltiples ocasiones el hecho de que el crecimiento demográfico de estas repúblicas contrastaba con el estancamiento, si no el retroceso, de Rusia. Europa entera conoció un fenómeno similar con respecto al Sur. El porcentaje de «blancos» en el mundo, que había aumentado considerablemente a lo largo del siglo XIX (33 %), vuelve a situarse, en este comienzo del siglo XXI, en las cifras que conocía en 1800 (17 %).

Totalmente volcados hacia Rusia y, en resumidas cuentas, encerrados, estos Estados, de los que tres disponen de hidrocarburos (Azerbaiyán, Turkmenistán y Kazajstán), constituyen lo que se denomina la Cuenca del Caspio. La elección política de la construcción del oleoducto Bakú-Ceyhan marca el final del aislamiento de la cuenca, tanto más cuanto una parte de los hidrocarburos de Kazajstán circularán por el Caspio hacia Turquía.

Se evita cuidadosamente a Irán, hostil a Estados Unidos, aun cuando geográficamente su territorio se presta mejor al tránsito de los hidrocarburos de la Cuenca del Caspio.

¿Cuál es la situación de las repúblicas del Asia central?

El gran temor inicial radicó en ver cómo se implantaba allí el islamismo, especialmente en Tayikistán y en el valle de Ferghona (Uzbekistán). Las políticas represivas hacen que, actualmente, los progresos de los islamistas parezcan modestos, aunque se manifestaran movimientos armados en el curso de los últimos años. Tradicionalmente, el islam se había implantado mejor entre las poblaciones sedentarias y urbanizadas (Tayikistán, Uzbekistán) que entre las seminómadas (kazajos, kirguicios y turkmenos). Los problemas económicos intensificados por una fuerte natalidad son, sin embargo, hoy más preocupantes para los dirigentes de las diversas repúblicas que los problemas religiosos. Las repúblicas más desfavorecidas son Kirguizistán y Tayikistán. Por el contrario, los hidrocarburos favorecen a Kazajstán y a Turkmenistán. Uzbekistán, rico en algodón, es el epicentro de Asia central gracias, entre otras cosas, al número de sus habitantes. Estos Estados, que, más que cooperar, se envidian, procuran, a excepción de Turkmenistán, mantener buenas relaciones con Estados Unidos sin romper por eso sus vínculos con Rusia.

Uzbekistán es el más independiente y el mejor situado tanto desde el punto de vista de las comunicaciones y el comercio como de la hidrografía. El más extenso, Kazajstán, tiene una importante presencia eslava. Astaná, la nueva capital, quizá fue establecida muy al norte para evitar cualquier idea de partición. Asia central es una encrucijada del tráfico de drogas procedente de Afganistán, lo que incrementa la criminalidad y la corrupción.

EL NUEVO ORDEN INTERNACIONAL EN LA PERIFERIA RUSA

Océano
Atlántico

NORUEGA

Londres

París

Berlín

ESTADOS
BÁLTICOS

San Petersburgo

FEDERACIÓN
DE RUSIA

UNIÓN
EUROPEA

Kaliningrado

POLONIA

Moscú

SUIZA

REP.
CHECA

Varsovia

ESLOVAQUIA

BIELORRUSIA

Novossibirsk

ESLOVENIA

HUNGRÍA

Kiev

Aqmola

Roma

EX YUGOSLAVIA

UCRANIA

RUMANÍA

KAZAJSTÁN

BULGARIA

ALBANIA

Estambul

Novorossiysk

Mar
Negro

Mar
Mediterráneo

GRECIA

Ankara

GEORGIA

UZBEKISTÁN

KIRGUIZISTÁN

2ª flota

TURQUÍA

Ceyhan

ARMENIA

AZERBAIJÁN

Bakú

TURKMENISTÁN

Tashkent

TAYIKISTÁN

LÍBANO

SIRIA

EL NUEVO ORIENTE

Kabul

LIBIA

Damasco

Bagdad

Teherán

AFGANISTÁN

El Cairo

ISRAEL

IRAK

ENERGÉTICO

JORDANIA

IRÁN

PAKISTÁN

EGIPTO

KUWAIT

Riad

QATAR

Karachi

ARABIA
SAUDÍ

E.A.U.

OMÁN

5ª flota

YEMEN

Océano Índico

Adén

Oleoductos en curso de
construcción o en proyecto

Nueva presencia militar de EE.UU.

El nuevo Oriente energético
(petróleo y gas natural)

Unión Europea

Federación de Rusia

39

Oriente Medio *y los hidrocarburos*

Evidentemente, el acceso a la Cuenca del Caspio de los consorcios petroleros estadounidenses y europeos abre nuevas perspectivas. Sin embargo, no estamos ya en la euforia de la década de 1990, cuando las reservas de la cuenca daban la impresión de que podrían reducir la importancia del petróleo de Oriente Medio. Aquéllas son relativamente modestas, pero el gas de Kazajstán es, en cambio, abundante. La Rusia de Vladimir Putin se adhirió a la idea de que una cooperación con los estadounidenses era preferible a un antagonismo para el que carecían de medios. La importancia de Rusia, por lo que se refiere al gas, es enorme.

El oleoducto Bakú-Ceyhan

De hecho, la Cuenca del Caspio almacena entre el 4 y el 6 % del petróleo, y entre el 6 y el 9 % del gas natural mundial.

Un decreto ley que prohibía, en 1995, a cualquier compañía petrolera estadounidense invertir en Irán ponía de manifiesto la voluntad de marginar a este país. Más tarde, Estados Unidos se esforzará en disuadir a otros de que lo hagan.

El proyecto Bakú-Ceyhan (1.760 kilómetros), bajo el patrocinio de Estados Unidos, que rodea Armenia y pasa por Tbilisi, inaugurado oficialmente en 2002, deberá estar operativo a partir de 2005.

Kazajstán, que cobija importantes reservas de hidrocarburos (yacimientos de Tangiz, Kashagán, etc.), transportará su petróleo desde Aqtaú, mediante petroleros y oleoductos, hacia el puerto de Dubendi, no lejos de Bakú.

Esta perspectiva refuerza la importancia del oleoducto Bakú-Ceyhan, y, por consiguiente, el papel geopolítico de Turquía.

LOS OLEODUCTOS Y GASODUCTOS DEL ORIENTE ENERGÉTICO

Estambul · Ankara · TURQUÍA · Mar Negro · Mar Mediterráneo · Ceyhan · Nicosia · CHIPRE · ISRAEL · Beirut · SIRIA · Damasco · Tel Aviv · El Cairo · Jerusalén · Amman · JORDANIA · EGIPTO · GEORGIA · Tbilisi · ARMENIA · Eriván · AZERBAIYÁN · Bakú · Mar Caspio · Bagdad · IRAK · Teherán · IRÁN · Kuwait · Bahrein · Riad · Doha · QATAR · Abu Dhabi · E.A.U. · ARABIA SAUDÍ · Máscate · SUDÁN · Mar Rojo · OMÁN · Jartum · Asmara · ERITREA · Saná · YEMEN · ETIOPÍA · Yibuti · KAZAJSTÁN · Mar de Aral · Bishkek · UZBEKISTÁN · TURKMENISTÁN · Tashkent · KIRGUIZISTÁN · Ashjabad · Dushanbe · TAYIKISTÁN · Kabul · Islamabad · AFGANISTÁN · PAKISTÁN · Karachi · INDIA · hacia China · hacia la India · Océano Índico

Principales oleoductos (/en proyecto) ___ / ____

Reservas y explotaciones petrolíferas y gasíferas

BASES ESTADOUNIDENSES EN LA REGIÓN

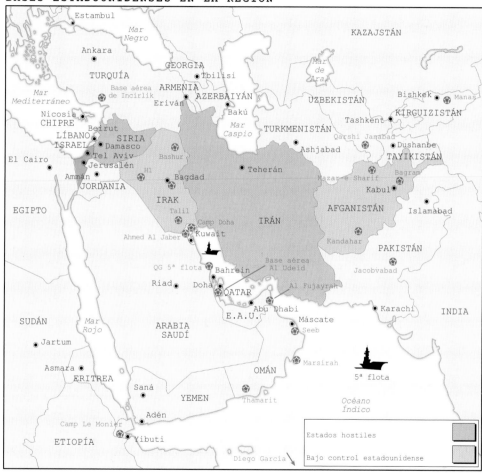

Estambul

Mar Negro

Ankara

TURQUÍA

GEORGIA

Tbilisi

Mar Mediterráneo

Base aérea de Incirlik

ARMENIA

AZERBAIYÁN

Eriván

Bakú

KAZAJSTÁN

Mar de Aral

Bishkek

Manas

UZBEKISTÁN

KIRGUIZISTÁN

Tashkent

Nicosia

CHIPRE

Beirut

LÍBANO

ISRAEL

Damasco

SIRIA

Tel Aviv

Bashur

Jerusalén

H1

Ammán

JORDANIA

El Cairo

Mar Caspio

TURKMENISTÁN

Ashjabad

Qarshi Janabad

Dushanbe

TAYIKISTÁN

Teherán

Mazar-e Sharif

Bagram

Bagdad

IRAK

Talil

Camp Doha

Kuwait

IRÁN

Kabul

AFGANISTÁN

Islamabad

EGIPTO

Ahmed Al Jaber

QG 5ª flota

Bahrein

Base aérea Al Udeid

Kandahar

PAKISTÁN

Jacobvabad

Riad

Doha

QATAR

Al Fujayrah

Abú Dhabi

E.A.U.

Máscate

Karachi

INDIA

SUDÁN

Mar Rojo

ARABIA SAUDÍ

Seeb

Jartum

Marsirah

Asmara

ERITREA

OMÁN

5ª flota

Saná

YEMEN

Thamarit

Océano Índico

Adén

Camp Le Monier

ETIOPÍA

Yibuti

Diego García

Estados hostiles	
Bajo control estadounidense	

Bases estadounidenses
en Oriente Medio

A partir del 11 de septiembre, Estados Unidos, que ocupaba bases militares en la península Arábiga y en Turquía, mejoró considerablemente su cobertura en Oriente Medio y su perímetro, con su presencia en Europa central (Hungría) y el Danubio (Rumanía, Bulgaria), en Afganistán, en la periferia de la Federación de Rusia (Georgia, Uzbekistán y Kirguizistán) y, sobre todo, en Irak.

Las bases de Arabia Saudí fueron evacuadas en septiembre de 2003, siendo Qatar, en adelante, el centro más importante del dispositivo estadounidense en la Península. La importancia de Incirlik (Turquía) parece ahora restringida.

44

Las regiones militares
de la potencia global

Convertido en una potencia global única, Estados Unidos repartió el mundo en mandos regionales. En términos puramente militares, las dos regiones de tensión son el USCENTCOM y el USPACOM. En cada una de estas divisiones regionales, Estados Unidos dispone no sólo de bases, sino también de un sistema de alianzas militares, así como de aliados regionales no vinculados por un pacto.

EL REPARTO ESPACIAL DE LOS MANDOS MILITARES ESTADOUNIDENSES

Grandes conjuntos *geopolíticos*

Contrariamente a una tesis según la cual la post-Guerra Fría sería la era del «choque de civilizaciones»[1] —al convertirse, en adelante, los «islamo-confucianos» en los adversarios de Occidente—, es necesario recordar que el choque de civilizaciones se produjo fundamentalmente en el siglo XIX, en el momento de la irrupción imperial de Europa en el mundo asiático y africano.

La hostilidad militar de una minoría de islamistas radicales no constituye un antagonismo global que opondría a los musulmanes al mundo occidental, aun cuando, por diversas razones, una parte importante del mundo musulmán experimenta, cada vez más, frustración y resentimiento con respecto a Estados Unidos.

Algunas perspectivas demográficas

Es sabido que, demográficamente, la Unión Europea apenas progresa. Se deberá poner en funcionamiento, de forma dinámica, una política de inmigración, según el modelo deseable de la cuota profesional. Es de incumbencia del país de acogida el dar a conocer sus necesidades y hacerlas corresponder con las demandas. Por lo demás, es asimismo deseable, como se pone en práctica en Canadá, que se equilibren tanto como sea posible los grupos étnicos a fin de que no se establezca la preponderancia numérica de ningún grupo particular.

Progresión probable de la población
Asia - Pacífico (en millones)

	2002	2025
Bangladesh	140	211
Birmania	48	60
China	1.285	1.470
Corea del Norte	22,5	26
Corea del Sur	47	52
India	1.025	1.351
Japón	127	124
Indonesia	215	273
Malaisia	23,5	31
Pakistán	145	251
Filipinas	77	107
Tailandia	64	77,5
Vietnam	80	106
Turquía	68	87

48

---

1. Samuel Huntington, *Le Choc des civilisations*, Odile Jacob, 1997 (trad. cast.: *El choque de civilizaciones*, Barcelona, Paidós, 1997).

LOS GRANDES CONJUNTOS GEOPOLÍTICOS DEL TERCER MILENIO

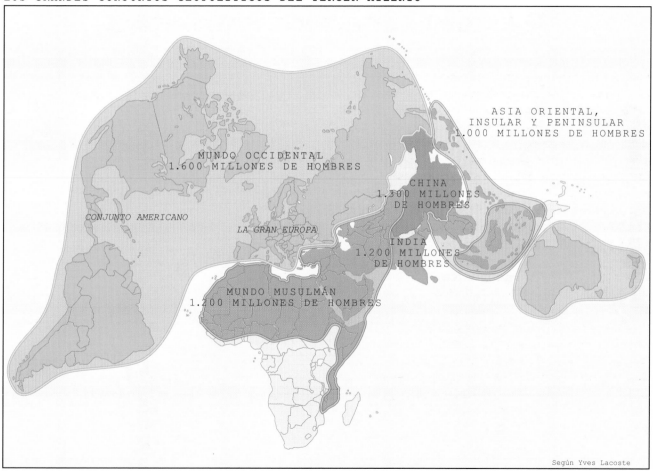

ASIA ORIENTAL,
INSULAR Y PENINSULAR
1.000 MILLONES DE HOMBRES

MUNDO OCCIDENTAL
1.600 MILLONES DE HOMBRES

CHINA
1.300 MILLONES
DE HOMBRES

CONJUNTO AMERICANO

LA GRAN EUROPA

INDIA
1.200 MILLONES
DE HOMBRES

MUNDO MUSULMÁN
1.200 MILLONES DE HOMBRES

Según Yves Lacoste

Progresión probable de la población
América (en millones)

	2002	2025
Estados Unidos	286	347
Canadá	31	37
México	100	130
Argentina	37,5	42
Brasil	173	219
Colombia	43	60
Venezuela	25	35
Perú	26	36
Chile	15,5	20

Fuente: ONU

Progresión probable de la población
África (en millones)

	2002	2025
Suráfrica	44	44
Congo (RDC)	52,6	115
Nigeria	117	203
Sudán	32	50
Argelia	31	43
Marruecos	30,5	42
Egipto	69	95

Fuente: ONU

Progresión probable de la población
Oriente Medio (en millones)

	2002	2025
Irán	71,5	100
Arabia Saudí	21	40,5
Yemen	19	48

Fuente: ONU

Progresión probable de la población
CEI (en millones)

	2002	2025
Rusia	144	128
Ucrania	49	39,5
Uzbekistán	25,5	34

Fuente: ONU

50

Los conflictos *en el mundo*

Con la Guerra Fría, desaparecieron numerosos conflictos, el más importante de los cuales era el denominado Este-Oeste. Las relaciones establecidas por Mijail Gorbachov con Occidente, en general, y en particular con Estados Unidos permitieron liberar pacíficamente a Europa central del sistema comunista, reunificar Alemania y poner punto final a determinados conflictos en Centroamérica (Nicaragua), en África (Etiopía) y en Camboya. Actualmente, los conflictos no son más numerosos que durante la Guerra Fría, cuando se interpretaban generalmente mediante el prisma del antagonismo Este-Oeste. Casi todos los conflictos latinoamericanos, tan abundantes antaño, se desvanecieron, con excepción del más antiguo de todos ellos: el de Colombia contra las Fuerzas Armadas Revolucionarias de Colombia (FARC) y el Ejército de Liberación Nacional (ELN). El tráfico de drogas desempeña un papel fundamental en la economía de las FARC, que se implantaron desde hace decenios en determinadas regiones en las que la integración nacional estaba bastante dificultada por la geografía. Las milicias paramilitares desempeñaron un papel altamente perjudicial. Con la ayuda estadounidense, el gobierno colombiano confía en erradicar un movimiento cuya densidad social no es nada despreciable.

En Perú, Sendero Luminoso, gravemente afectado en 1993 por la captura de su dirigente, parecía, después de una decena de años de dificultades, volver a emerger a la superficie, pero sólo de manera modesta y muy localizada.

En México, el Ejército Zapatista de Liberación Nacional (EZLN), del subcomandante Marcos, se implantó sólidamente tras un dilatado trabajo político en el sector indio, en el extremo sur del país (Chiapas). Esta región no se había beneficiado ni de las conquistas de la Revolución mexicana ni de la política del Partido Revolucionario Institucional, que tanto tiempo permaneció en el poder. Se aportaron mejoras al estatuto de los indios, y la estrategia fundamentalmente no violenta del movimiento zapatista supo tener en cuenta el nuevo clima político aparecido en varios países de Latinoamérica, México entre ellos, como consecuencia del fracaso de las guerrillas.

El hundimiento de la Unión Soviética y del sistema comunista europeo, incluida Yugoslavia, dio como resultado los habituales conflictos del final de un imperio, motivados por enfrentamientos generalmente étnicos: el Cáucaso; Alto Karabaj, Abjazia, Osetia Meridional; Chechenia; Moldavia, y Tayikistán (islamismo a través de Afganistán). Al margen del Cáucaso, cuyas tensiones recuerdan a las de los Balcanes de antaño, el final de la URSS fue relativamente pacífico y, sobre todo, estuvo marcado por problemas económicos y sociales.

Se solucionaron algunos conflictos del Sureste asiático (Camboya), o parecen en vías de serlo —Sri Lanka (?), Nepal (?)—, mientras que en Birmania la mayoría de las resistencias fueron reducidas, o considerablemente debilitadas, por la dictadura militar. Los conflictos más violentos se desarrollan en la Cachemira re-

LOS CONFLICTOS EN EL MUNDO (1991-2003)

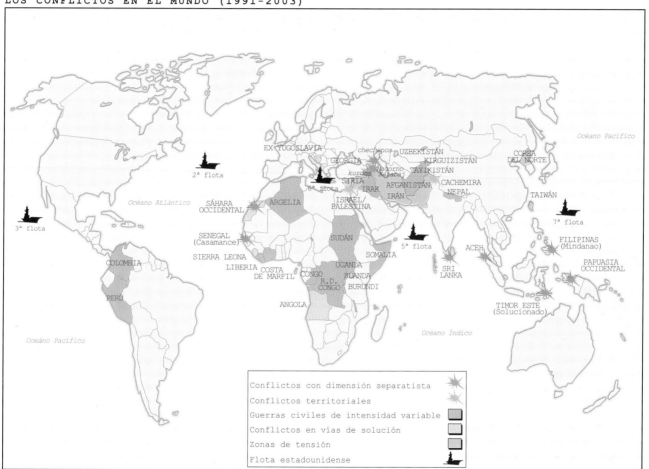

Conflictos con dimensión separatista

Conflictos territoriales

Guerras civiles de intensidad variable

Conflictos en vías de solución

Zonas de tensión

Flota estadounidense

partida entre Pakistán y la India, que se solucionarán cuando se acepte la línea de control como frontera y la Cachemira-Jammu india goce de un verdadero estatuto de autonomía. De momento, no hemos llegado a eso. El sur de Filipinas (Mindanao y los islotes meridionales), así como Aceh y Papuasia (Indonesia), son focos de insurrección que parece que habrán de perpetuarse.

Sobre todo, puede observarse un claro avance del islamismo en el Sureste asiático (en Indonesia, sobre todo en Malaisia, con incidencias en Filipinas, Singapur, Camboya, Tailandia, etc.).

De hecho, la mayoría de los conflictos irregulares que salieron a la luz en el curso del último decenio afectaron fundamentalmente a África, y, aparte de Argelia, exclusivamente al África subsahariana. Esto se debe a la conjunción de la debilidad de los Estados, del impulso demográfico y de la ausencia de un crecimiento significativo en la mayoría de los países. Los países que gozan de una situación privilegiada son aquellos que están infrapoblados y disponen de recursos mineros o naturales, como Gabón y Botswana. Pocos Estados africanos disfrutan, como Uganda, de un crecimiento económico que supera de manera significati-

va a su crecimiento demográfico. La zona de extraordinarios disturbios fue la de los Grandes Lagos, en parte debidos, en su origen, a ya antiguas rivalidades étnicas en Ruanda (así como en Burundi) que desembocaron en un genocidio en el que la ONU demostró su incuria. Uganda, Congo (RDC), Angola y Zimbabue participaron, directa o indirectamente, en el conflicto, sobre un fondo de rivalidad entre franceses y anglosajones.

Finalmente, numerosos conflictos afectaron a los países ricos en diamantes o en petróleo, u otras riquezas mineras (Sierra Leona, Liberia, Angola). La debilidad de los Estados determinó a la vez la intervención de «nuevos mercenarios» (Executive Outcome, Suráfrica, Sandline Internacional, Gran Bretaña, o el paraestatal MPRI, Estados Unidos), operantes sobre todo en Angola y Sierra Leona. Por otra parte, se multiplicaron las compañías de seguridad. También intervinieron los Estados europeos: Gran Bretaña (Sierra Leona) y Francia (Ruanda, Costa de Marfil y Congo).

El final de la Guerra Fría obligó, en todas partes, a que los movimientos armados se autofinanciaran, cosa que sólo es posible mediante actividades ilícitas o predatorias.

La ONU

A pesar de todas sus insuficiencias y su falta de agilidad, la Organización de las Naciones Unidas sigue siendo una institución necesaria que cumple, entre otras, funciones de mantenimiento y de restauración de la paz. Parece necesaria una reestructuración, pero las trabas burocráticas son enormes.

La legitimación conferida, mediante el aval del Consejo de Seguridad, no es en absoluto desdeñable, como demuestra el aislamiento relativo de la administración Bush inmediatamente después de la guerra de Irak.

OPERACIONES MULTINACIONALES PARA EL MANTENIMIENTO DE LA PAZ
(bajo la égida de la ONU, salvo Nicaragua y Surinam)

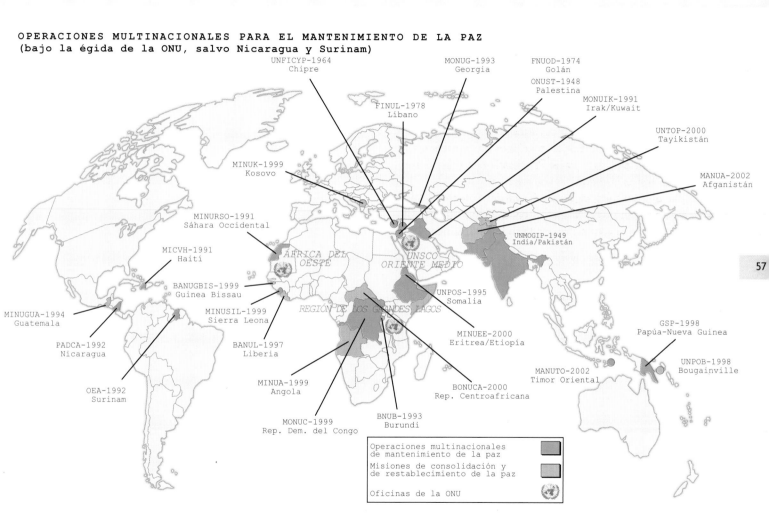

UNFICYP-1964
Chipre

MONUG-1993
Georgia

FNUOD-1974
Golán

ONUST-1948
Palestina

MONUIK-1991
Irak/Kuwait

UNTOP-2000
Tayikistán

MANUA-2002
Afganistán

FINUL-1978
Líbano

MINUK-1999
Kosovo

MINURSO-1991
Sáhara Occidental

UNMOGIP-1949
India/Pakistán

MICVH-1991
Haití

ÁFRICA DEL OESTE

UNSCO
ORIENTE MEDIO

BANUGBIS-1999
Guinea Bissau

UNPOS-1995
Somalia

MINUGUA-1994
Guatemala

MINUSIL-1999
Sierra Leona

REGIÓN DE LOS GRANDES LAGOS

GSP-1998
Papúa-Nueva Guinea

PADCA-1992
Nicaragua

BANUL-1997
Liberia

MINUEE-2000
Eritrea/Etiopía

UNPOB-1998
Bougainville

MANUTO-2002
Timor Oriental

OEA-1992
Surinam

MINUA-1999
Angola

BONUCA-2000
Rep. Centroafricana

MONUC-1999
Rep. Dem. del Congo

BNUB-1993
Burundi

57

Operaciones multinacionales de mantenimiento de la paz

Misiones de consolidación y de restablecimiento de la paz

Oficinas de la ONU

La pobreza en el mundo *y la mundialización*

La evaluación del número de habitantes del planeta que padecen una «pobreza extrema» se cifra en 1.200 millones, cuya aplastante mayoría se encuentra en el sur de Asia (más de 500 millones: Bangladesh, Pakistán, la India, etc.), en el África subsahariana (alrededor de 300 millones) y en China (alrededor de 200 millones, cifra en retroceso con respecto a los 300 millones de la década precedente). En cambio, en el mismo período, el porcentaje de esta categoría aumentó un tercio en el África subsahariana. En cuanto a Latinoamérica, la cifra proporcionada por el Banco Mundial es de 78 millones (sobre un total de más de 630 millones). Además, esta última cifra incluye también la categoría de los muy pobres, menos desfavorecidos que aquellos a los que se considera víctimas de una «pobreza extrema».

Ni la reunión internacional de Seattle, ni la más apacible de Doha o de Cancún, concernientes a las relaciones comerciales entre los países ricos y los países pobres, proporcionaron resultados significativos. En teoría, el librecambio beneficia a todos, ricos y pobres. Pero, en la práctica, sucede de otro modo, *sobre todo si las medidas proteccionistas erigidas en determinados sectores, especialmente agrícolas, por los países ricos adulteran la regla proclamada.* Al contrario, la política de apertura a los intercambios y a las inversiones sin ningún control practicada por los países del Sur —como México— no garantiza de ninguna manera el desarrollo. El Carnegie Endowment for Internacional Peace (de agosto de 2003) advierte de que mientras casi la mitad de la población mundial vive con 2 dólares por día o menos, cada cabeza de bovino, en Estados Unidos, recibe 2,5 dólares de subvención.

El proceso de mundialización, iniciado ya hace siglos y que se aceleró en el siglo XIX, continúa y no puede ser detenido. Se traduce en:

— economías estrechamente imbricadas, sobre todo en los países ricos;
— una deslocalización acelerada de las firmas multinacionales, cuya producción alcanza el 25 % del PIB mundial frente al 16 % de hace doce años;[1]
— una explosión de los mercados financieros, que responde sobre todo a factores especulativos;
— tasas de crecimiento de la producción mundial reducidas a más de la mitad en relación con el período que precede a la primera conmoción petrolera (1973) para los países industriales;
— finalmente, una rápida progresión de las epidemias y un agotamiento relativamente acelerado de riquezas tales como el agua, que se creía ilimitada, así como modificaciones del equilibrio ecológico.

¿Qué enseñanzas pueden extraerse de esta descripción de la mundialización? Estados Unidos experimentó un descenso de su

---

1. Véase «Lettre d'Innovence», 29, rue Taitbout, 75009, París, bureau@innovence.fr, de donde se han extraído estos datos *in extenso*.

EL INDICADOR DEL DESARROLLO HUMANO

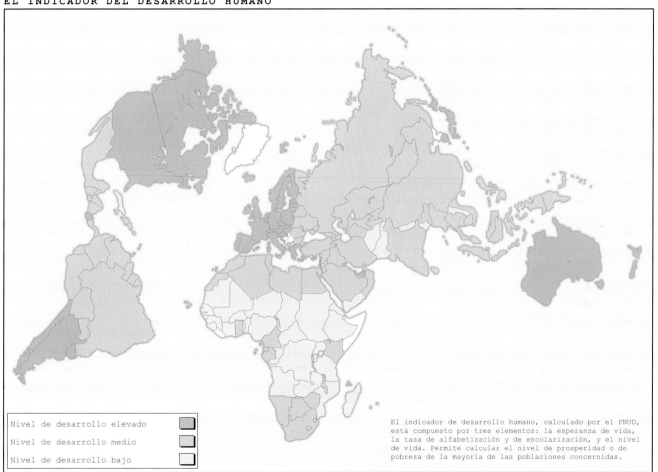

Nivel de desarrollo elevado

Nivel de desarrollo medio

Nivel de desarrollo bajo

El indicador de desarrollo humano, calculado por el PNUD,
está compuesto por tres elementos: la esperanza de vida,
la tasa de alfabetización y de escolarización, y el nivel
de vida. Permite calcular el nivel de prosperidad o de
pobreza de la mayoría de las poblaciones concernidas.

tasa de crecimiento a partir de 1973, menos importante que la de los países de la Unión Europea, y así frenó la recuperación de que era objeto por parte de éstos. Asimismo, absorbió en su beneficio los capitales de Europa y Japón, lo que, combinado con las oscilaciones del dólar, le permitió recuperar el liderazgo tecnológico, económico, financiero y militar (sobre todo, después de la implosión de la URSS).

Algunos países que disponen de amplios recursos naturales, como Rusia, Brasil, Congo, etc., experimentaron grandes dificultades debidas a crisis políticas internas, mientras que otros, que no disponen de ellos (Corea del Sur y Taiwán), progresaron con pujanza.

Los países que practicaron una política de austeridad o de cierre de fronteras (la ex URSS, Corea del Norte) salieron, casi siempre, mal librados.

A la inversa, los que se entregaron demasiado rápido y con demasiado ímpetu a la mundialización (Argentina) lo pagaron caro. De hecho, los que lograron importantes tasas de crecimiento son precisamente aquellos que supieron ponerse a resguardo de los dictados del FMI y del «todo mercado». En primerísimo lugar, China (+ 6,2 % anual de media en el PIB, entre 1973 y 1989, y 7,9 % anual entre 1989 y 2000), donde el Estado conserva un papel de orientación y de regulación importante, y, en menor medida, el Asia «marítima», con el 4,2 % anual entre 1989 y 2000, a pesar de la crisis financiera de 1997-1998.

En conclusión, más que la mundialización, lo que plantea problemas es la ausencia o la insuficiencia de regulación de la economía. La mundialización beneficia, sobre todo, al que regula de hecho la economía mundializada (Estados Unidos), a causa de su dominación y de su estatuto de gran potencia, o a los que no se pliegan sin reservas al «todo mercado» (China y Corea del Sur, y Japón hasta 1990).

La mundialización no garantiza en absoluto el crecimiento, pero tampoco lo impide (véanse China, Corea…). Incluso puede favorecerlo, si no se pierde el control a causa de la difusión de las tecnologías y de los capitales, la apertura de mercados y los juegos de alianzas ampliados con nuevos actores (firmas multinacionales y organismos internacionales). El repliegue sobre uno mismo se revela como una solución peor que la inserción en la economía mundial.

Terrorismos

Al margen del epicentro representado por Pakistán, donde se refugiaron los supervivientes de Al-Qaeda y numerosos talibanes, al abrigo de regiones tribales tradicionalmente mal controladas desde el período colonial, el balance de los islamistas en materia de atentados en dos años (2001-2003) es modesto: apenas más de una quincena de atentados, que provocaron cinco veces menos muertos que el 11 de septiembre, cuando Al-Qaeda prometía el Apocalipsis.

En dos años, no se cometió ningún atentado en Norteamérica ni en Europa. Sin ningún género de dudas, los servicios especializados en antiterrorismo han sido eficaces. La desorganización de las redes inmediatamente después de la expedición punitiva a Afganistán ha sido efectiva. Sin embargo, como era de esperar, se ha producido una reorganización o una nueva organización a partir de bases regionales, desde Marruecos hasta Indonesia.

Lo que caracteriza al terrorismo islámico no es el atentado suicida —técnica empleada inicialmente por los Tigres tamiles y que, utilizada primero por los chiíes, han imitado a partir de entonces los suníes—, sino que, contrariamente a los movimientos deseosos de desembocar a través de la violencia en una negociación, con los islamistas no hay nada que negociar. Pretenden la caída de los regímenes musulmanes ligados a Estados Unidos y sueñan con hacer que Estados Unidos se estremezca.

Es sabido que Estados Unidos, con la ayuda financiera de Arabia Saudí y de los servicios paquistaníes, fomentó el islamismo radical contra los soviéticos en Afganistán. Y este movimiento, por un efecto bumerang, en el curso de la década de 1990, se volvió contra él. Pero la conciencia de la amenaza fue tardía. La primera tentativa, en parte abortada, contra el World Trade Center (1993) fue eclipsada por el atentado cometido por un estadounidense contra la administración federal de Oklahoma, que provocó un número importante de víctimas.

Los atentados, en 1995 y 1996, contra militares estadounidenses en Arabia Saudí no atrajeron bastante la atención, y hubo que esperar a 1998 y a los atentados contra las embajadas estadounidenses en África oriental para que el fenómeno islamista despertara a la administración estadounidense y a la ciudadanía sobre la realidad de la amenaza, cuando la prosperidad y la euforia bursátil ocupaban más tiempo en los medios de comunicación y en el interés del público.

Tuvo que producirse la conmoción del 11 de septiembre para que todo se tambaleara. Estados Unidos se sintió herido y descubrió su vulnerabilidad. El humus del islamismo, que se remonta a los hermanos musulmanes de Egipto y a la Yama'at e islami paquistaní, por no retrotraernos a sus raíces históricas, fue introducido fundamentalmente, en el curso de los tres últimos decenios, por Arabia Saudí. Los islamistas radicales combaten por la instauración de un Estado islámico fundado en la *sharía*. Se trata, en definitiva, de reconstruir la *umma* (la comunidad de los creyentes) según la pureza real o supuesta de los primeros siglos del islam.

LA AMENAZA TERRORISTA VISTA DESDE ESTADOS UNIDOS

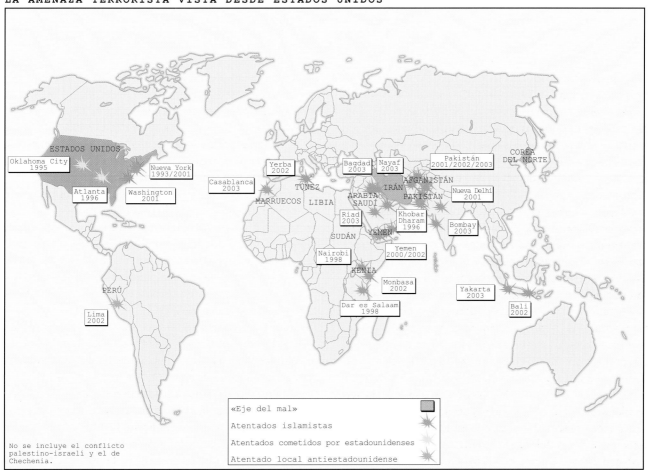

ESTADOS UNIDOS

Oklahoma City
1995

Nueva York
1993/2001

Atlanta
1996

Washington
2001

Casablanca
2003

Yerba
2002

TÚNEZ

MARRUECOS   LIBIA

Bagdad
2003

Nayaf
2003

Pakistán
2001/2002/2003

COREA
DEL NORTE

AFGANISTÁN

ARABIA
SAUDÍ

IRÁN   PAKISTÁN

Nueva Delhi
2001

Riad
2003

Khobar
Dharam
1996

SUDÁN   YEMEN

Bombay
2003

Nairobi
1998

Yemen
2000/2002

KENIA

PERÚ

Monbasa
2002

Yakarta
2003

Lima
2002

Dar es Salaam
1998

Bali
2002

No se incluye el conflicto
palestino-israelí y el de
Chechenia.

«Eje del mal»

Atentados islamistas

Atentados cometidos por estadounidenses

Atentado local antiestadounidense

63

64

A esta corriente se la denomina «*salafismo*». Es moralmente ultraconservadora, especialmente en lo referido al papel y la importancia de las mujeres, y se desvela por el seguimiento de las exhortaciones de los textos sagrados. Para los suníes, se trataba también, en el curso de la década de 1980, de contrarrestar la influencia de la revolución chií iraní.

En suma, el balance global es exiguo. Ningún Estado importante fue derribado. Aparte de Afganistán, no se consiguió ninguna victoria, ni siquiera en Argelia, a pesar de una *yihad* especialmente brutal. Las participaciones en la *yihad* de Bosnia, de Chechenia o de Cachemira se revelaron más movilizadoras que políticamente decisivas. Casi en todas partes, los islamistas carecieron de una base de masas en la medida en que se instalaron en una contradicción: ¿cómo ser clandestinos y, al mismo tiempo, realizar un trabajo de masas? Para llevarlo a cabo, se necesita una organización política, a ser posible semilegal, y un brazo armado. En este sentido, los islamistas se encuentran, en la mayoría de los países musulmanes, en la situación que era antaño la de las guerrillas castristas de la década de 1960, que se echaban al monte sin haber realizado un trabajo político organizativo esperando crear un *foco* que arrastrara al campesinado por medio del ejemplo.

La siguiente etapa podría ser la tentativa de constituir una base de masas, como fue el caso hace quince años en Argelia, inspirándose en los métodos de implantación, en otro tiempo clásicos, de los movimientos llamados marxista-leninistas.

No se puede descartar la hipótesis de un terrorismo futuro no clásico cuya meta consista en sembrar un pánico de masas en Occidente.

Sin embargo, la dinámica del terrorismo islámico está abocada al fracaso y el islamismo radical está llamado, sin duda, a languidecer.

Casi todas las violencias no estatales se identifican en adelante como terroristas

Estados Unidos, desde finales de 2001, considera como «terroristas» a casi una cincuentena de organizaciones, no haciendo ningún distingo, de modo deliberado, entre las organizaciones guerrilleras, como las Fuerzas Armadas Revolucionarias de Colombia o los Tigres de Liberación de Tamil Eelam (Sri Lanka), y los movimientos que combaten en su propio territorio, como las organizaciones palestinas, y las organizaciones transnacionales que utilizan el terrorismo como único procedimiento.

Éstas son las principales organizaciones identificadas como terroristas por Estados Unidos:

Al-Qaeda, Al Gama al-Islamya, de Egipto; Yihad islámica, de Egipto; grupo Abu Sayyaf, de Filipinas; Grupo Islámico Armado, de Argelia; Grupo Salafista para la Predicación y el Combate, de Argelia; Harakat ul-Muyajidin, de Pakistán; Yaish-e-Mohammed (Ejército de Mahoma), de Pakistán; Lashkar-e-Tayyiba (Ejército de los Justos), de Pakistán; Movimiento Islámico de Uzbekistán (MIU); Al-Ittihad al-Islami, de Somalia; Ejército Islámico de Adén, de Yemen; Grupo Libio de Combate por el Islam, de Libia; Ashat al-Ansar, de Palestina; Brigada de los mártires de Al-Aqsa, de Palestina; Frente Popular de Liberación de Palestina, comando general; Hamas (Movimiento de la Resistencia Islámica), de Palestina; Yihad Islámica, de Palestina; Organización Abu Nidal, de Palestina; Kahane

Chai, de Israel; Hezbola (Partido de Dios), del Líbano; Partido de los Trabajadores del Kurdistán (PKK), kurdos de Turquía; Frente Revolucionario de Liberación del Pueblo, de Turquía; Organización Muyajedin-e Khalq (MEK o MKO), de Irán; Fuerzas Armadas Revolucionarias de Colombia (FARC); Ejército de Liberación Nacional (ELN), de Colombia; Autodefensas Unidas de Colombia (AUC); Sendero Luminoso, de Perú; Aum Shimriko (Verdad Suprema), milenaristas de Japón; Tigres de Liberación de Tamil Eelam, de Sri Lanka; Ejército Republicano Irlandés (IRA), de Irlanda del Norte; Luchadores por la Libertad del Ulster (UFF), de Irlanda del Norte; Defensores de la Mano Roja (RHD), de Irlanda del Norte;

Fuerza Voluntaria Leal (LVF), de Irlanda del Norte; Fuerza Voluntaria de Orange, de Irlanda del Norte (estos últimos grupos son protestantes y se oponen al IRA); Euskadi y Libertad (Euskadi ta Askatasuna, ETA), vascos de España; Grupo de Resistencia Antifascista Primero de Octubre (GRAPO), de España; Células Revolucionarias, de Italia.

Obsérvese la ausencia en esta lista de los siguientes movimientos: Yemaah Islamiya (YI), de Indonesia; Yama'at e islami, de Pakistán; Yihad yemenita, de Yemen; Al-jadith, de Pakistán; Liga de los Guerrilleros, del Líbano; Bait al-imam, de Jordania; Ansar al-Islam, del Kurdistán de Irak; Students of Islamic Movement, de la India.

65

El mundo *musulmán*

Desde la primera guerra del Golfo, una parte no despreciable del mundo musulmán percibe con hostilidad a Estados Unidos. De forma irónica, son los Estados musulmanes antinorteamericanos los que tienen con mayor frecuencia opiniones públicas favorables a los estadounidenses, y los Estados aliados a Estados Unidos los que presentan a escala popular opiniones más opuestas.

La primera guerra del Golfo, seguida por la presencia de las tropas estadounidenses en territorio saudí, el doble rasero utilizado con respecto al conflicto palestino-israelí, seguido por la segunda guerra del Golfo, reforzaron el sentimiento de las opiniones públicas musulmanas, y más concretamente árabes, de que la política de Estados Unidos les era hostil. La modernidad,[1] en la mayoría de los Estados musulmanes, sólo fue incorporada en sus aspectos técnicos, no en su esencia. Del mismo modo, en el pasado, el Imperio Otomano modernizaba sus fuerzas armadas sin llegar a modificar el espíritu de la sociedad con reformas institucionales.

Los árabes sólo constituyen el 15 % del mundo musulmán. Las mayores concentraciones musulmanas se sitúan en Indonesia, Pakistán, Bangladesh y la India. Estos últimos países se encontraron bajo dominación musulmana hasta la colonización británica y los indios (hinduistas, etc.) no regresaron al poder hasta 1947,

fecha de la partición que fundó Pakistán y lo que ha llegado a ser Bangladesh.

Turquía era el único Estado laico de Oriente Medio. Desde 1991, comparte este estatuto con Kazajstán, Uzbekistán, Tayikistán, Kirguizistán, Turkmenistán y Azerbaiyán, todos surgidos de la antigua URSS.

En 1900, los musulmanes representaban, sobre una población mundial evaluada en 1.600 millones, cerca del 11 % de la población mundial, o sea, casi 180 millones de individuos.

En 1900, el más poblado de los países musulmanes era Indonesia, con 37 millones de habitantes. El Imperio Otomano no contaba con más de 25 millones de personas.

En 2000, sobre 6.200 millones de individuos, los musulmanes totalizan el 22 % de la población mundial, o sea, 1.200 millones de individuos. En la actualidad, Indonesia, Pakistán y Bangladesh tienen entre 150 y 200 millones de habitantes cada uno.

El observador del mundo musulmán constata que, en cuatro o cinco decenios, hubo más bien un retroceso que un avance en muchos campos: no existe ya multipartidismo en numerosos países, etc. La presión indirecta del islamismo influyó en esta regresión, cuyas víctimas, entre otras, son las mujeres.

El obstáculo representado por los intereses occidentales, y más concretamente anglosajones, referidos al petróleo no pudo superarse a pesar de la tentativa de un Mossadegh; y se declaró la guerra a Sadam Husein, en 1991, porque intentó modificar el *sta-*

---

1. Dariush Shayegan, *Le regard mutilé*, L'Aube, 1989.

EL MUNDO MUSULMÁN

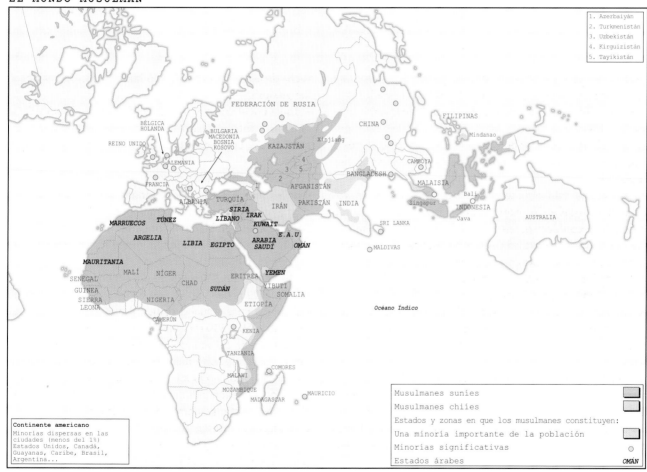

1. Azerbaiyán
2. Turkmenistán
3. Uzbekistán
4. Kirguizistán
5. Tayikistán

FEDERACIÓN DE RUSIA

BÉLGICA
HOLANDA

BULGARIA
MACEDONIA
BOSNIA
KOSOVO

REINO UNIDO

ALEMANIA

FRANCIA

ALBANIA

TURQUÍA

SIRIA
LÍBANO
IRAK
IRÁN
KUWAIT

MARRUECOS
TÚNEZ
ARGELIA
LIBIA
EGIPTO

ARABIA
SAUDÍ

E.A.U.
OMÁN

MAURITANIA
MALÍ
NÍGER
CHAD
SUDÁN

SENEGAL
GUINEA
SIERRA
LEONA
NIGERIA
CAMERÚN

ERITREA
YEMEN
YIBUTI
SOMALIA
ETIOPÍA

KENIA

TANZANIA

MALAWI
MOZAMBIQUE
MADAGASCAR

COMORES
MAURICIO

KAZAJSTÁN

AFGANISTÁN
PAKISTÁN
INDIA

CHINA
Xinjiang

BANGLADESH

SRI LANKA

MALDIVAS

FILIPINAS
Mindanao

CAMBOYA
MALAISIA
Singapur
Bali
INDONESIA
Java

AUSTRALIA

Océano Índico

Continente americano
Minorías dispersas en las
ciudades (menos del 1%)
Estados Unidos, Canadá,
Guayanas, Caribe, Brasil,
Argentina...

Musulmanes suníes
Musulmanes chiíes
Estados y zonas en que los musulmanes constituyen:
Una minoría importante de la población
Minorías significativas
Estados árabes   *OMÁN*

67

tu quo regional, lo que era inadmisible para Estados Unidos e Israel, pero también para Egipto, Siria y Arabia Saudí.

Desde hace más de tres décadas, Arabia Saudí no ha dejado de difundir, de Nigeria a Filipinas, su versión del islam, humus a partir del cual se ha desarrollado en gran parte el islamismo radical. La ambigüedad de Arabia Saudí se manifestó claramente a los ojos de la opinión pública occidental inmediatamente después del 11 de septiembre de 2001. El papel internacional desempeñado por los fondos saudíes es enorme y seguirá siéndolo, sin duda, en parte de un modo opaco.

En cuanto al propósito de los neoconservadores de difundir la democracia en Oriente Medio, tras haber cambiado el régimen en Bagdad, es menos convincente que las presiones que pueden ejercer desde Bagdad sobre Siria e Irán, que les son hostiles.

LA PRESENCIA MUSULMANA EN EL MUNDO Y LA LIGA ÁRABE

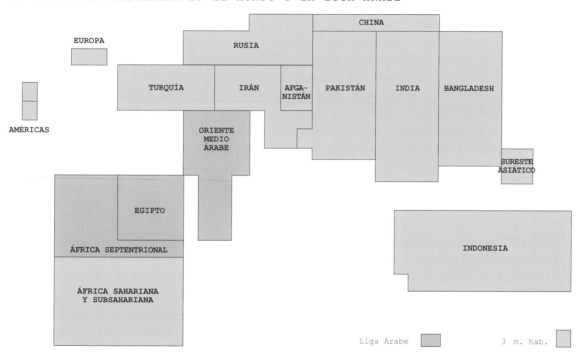

EUROPA

AMÉRICAS

CHINA

RUSIA

TURQUÍA

IRÁN

AFGA-
NISTÁN

PAKISTÁN

INDIA

BANGLADESH

ORIENTE
MEDIO
ÁRABE

SURESTE
ASIÁTICO

EGIPTO

ÁFRICA SEPTENTRIONAL

ÁFRICA SAHARIANA
Y SUBSAHARIANA

INDONESIA

Liga Árabe   3 m. hab.

69

Afganistán

La expedición punitiva organizada inmediatamente después del 11 de septiembre de 2001 es la operación más importante de contraterrorismo nunca llevada a cabo.

Sin embargo, dos años después de que los talibanes hubieran perdido el poder, Afganistán se encuentra lejos de haber recuperado una estabilidad. Únicamente Kabul está a salvo, y la política de Jamid Karzai apenas se extiende más allá de Kabul. En la capital, la situación económica está desequilibrada, habida cuenta de la importante presencia de extranjeros que hacen subir los precios, y se encuentra estancada en el resto del país. El cultivo de la adormidera se ha recuperado a gran escala, y, desde entonces, Afganistán trata *in situ* sus cultivos y se encarga del tráfico cada vez más directo de heroína.

El Pentágono paga 10.000 millones de dólares anuales para mantener a una decena de miles de hombres cuyo cometido consiste en dar caza a los insurgentes. Éstos, ayer condenados a no actuar más que en número reducido, están de nuevo capacitados para intervenir en operaciones impactantes con varios cientos de hombres, y para replegarse en su santuario paquistaní, donde las regiones tribales nunca pudieron ser verdaderamente controladas, incluso durante la colonización británica.

Una parte no despreciable de talibanes y de islamistas extranjeros, favorables a una guerra sobre el terreno que los estadounidenses no quisieron llevar a cabo por sí mismos, pudieron replegarse a las regiones tribales. Después, recibieron el apoyo de Gulbbudin Hekmatyar, que fue, durante la década de 1980, el aliado número uno de Estados Unidos. La ayuda económica anual suministrada por Estados Unidos se limitaba a 900 millones de dólares. La administración Bush, consciente del incremento de los peligros en las vísperas de un año de elecciones (tanto en Afganistán como en Estados Unidos), decidió doblar esta suma, lo que es, con toda evidencia, insuficiente. Por otra parte, Washington pretende acelerar la formación de una policía y el reforzamiento del ejército afgano. Todas estas medidas son muy tardías, aunque se considere a Afganistán un teatro secundario.

Las pérdidas estadounidenses empezaron a ser importantes a partir de enero de 2003. La inseguridad, a lo largo de la frontera paquistaní y de forma general en el sur del país, se incrementará y desembocará en una crisis aguda.

Es probable, al acercarse las elecciones afganas (junio de 2004), que el peso excesivo de los tayikos en el seno del poder vuelva a salir a la superficie.

**LA GUERRA DE AFGANISTÁN AYER Y LAS REGIONES
CONFLICTIVAS EN LA ACTUALIDAD**

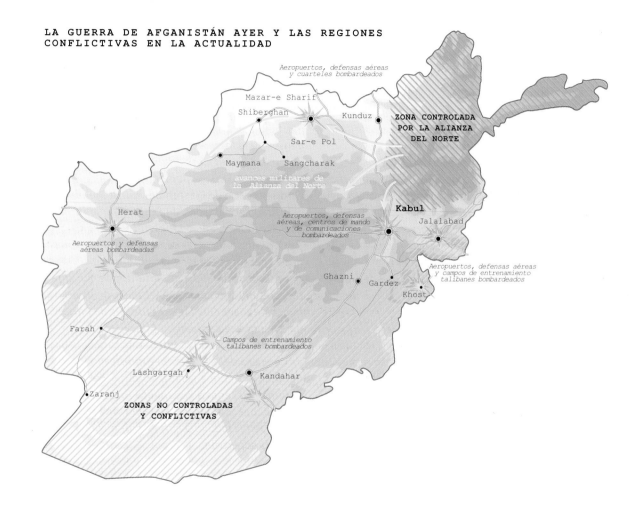

*Aeropuertos, defensas aéreas
y cuarteles bombardeados*

Mazar-e Sharif

Shiberghan

Kunduz

**ZONA CONTROLADA
POR LA ALIANZA
DEL NORTE**

Sar-e Pol

Maymana   Sangcharak

*avances militares de
la Alianza del Norte*

Herat

Kabul

*Aeropuertos, defensas
aéreas, centros de mando
y de comunicaciones
bombardeados*

Jalalabad

*Aeropuertos y defensas
aéreas bombardeadas*

*Aeropuertos, defensas aéreas
y campos de entrenamiento
talibanes bombardeados*

Ghazni   Gardez

Khost

Farah

*Campos de entrenamiento
talibanes bombardeados*

Lashgargah   Kandahar

Zaranj

**ZONAS NO CONTROLADAS
Y CONFLICTIVAS**

Irak

Es sabido que el proyecto de completar la «guerra inacabada» en Irak era uno de los objetivos principales de los neoconservadores de la administración Bush, cuya influencia en el seno del Pentágono es importante. El 11 de septiembre de 2001 proporcionó la ocasión de llevar a cabo este proyecto, y quizá recordemos que, desde el mismo 12 de septiembre, Paul Wolfowitz, el número dos del Pentágono, ya designaba a Irak como blanco.

Por tanto, la finalidad de la guerra no consistía en desarmar a Sadam Husein y la razón no era reaccionar preventivamente a una amenaza que hacía peligrar la seguridad de Estados Unidos, sino colocar en Bagdad un régimen más conveniente para los intereses de Washington.

De forma unilateral, con el exclusivo apoyo incondicional de Gran Bretaña —y de Australia—, Estados Unidos llevó a cabo, en un plazo breve, una guerra victoriosa.

La paz, como era previsible, se presentó bajo los más complejos auspicios. Esto no quiere decir que la desaparición del régimen de Sadam Husein no haya sido recibida con alivio por una mayoría de la población, sobre todo chií y kurda (el 80 % del país), que no había dejado de padecer la opresión y la represión de Sadam Husein.

Las condiciones de la paz se plantearon particularmente mal.

La caída del dictador vino seguida por un prolongado pillaje, contra el que nada se hizo, perjudicando la infraestructura del país, mientras se propagaba una inseguridad criminal que afectaba a una amplia parte de la población urbana, especialmente en Bagdad.

Se degradaron las condiciones de la vida cotidiana (agua, electricidad, criminalidad) durante un período demasiado largo, lo que produjo el descontento en una parte importante de la población cuya vida cotidiana se volvía precaria. No se emprendió ninguna iniciativa seria para volver a poner en funcionamiento las infraestructuras fundamentales. La administración Bush practicó una gran política a bajo precio.

Las tropas estadounidenses no estaban preparadas para el trabajo de pacificación multiforme que se les pedía. Podían comprobarse las diferencias de método y estilo de los británicos. La torpeza de las operaciones de limpieza puestas en práctica por los ocupantes los indisponía con una parte importante de la población. Se subestimó la importancia fundamental de la información. La rápida constitución de una fuerza de policía autóctona que asumiera los problemas de seguridad habría debido ser prioritaria. En fin, la devolución del poder a manos iraquíes habría debido ser activamente preparada. Si todavía nada está decidido, el tiempo, sin embargo, es limitado. El éxito o el fracaso de la fase transitoria depende del restablecimiento de condiciones de vida más o menos normales: la reducción de las actividades de la guerrilla y el terrorismo y la mejora de las infraestructuras esenciales.

Para alcanzar estos objetivos, se necesitan hombres y dinero.

PRINCIPALES GRUPOS ÉTNICOS Y RELIGIOSOS EN IRAK

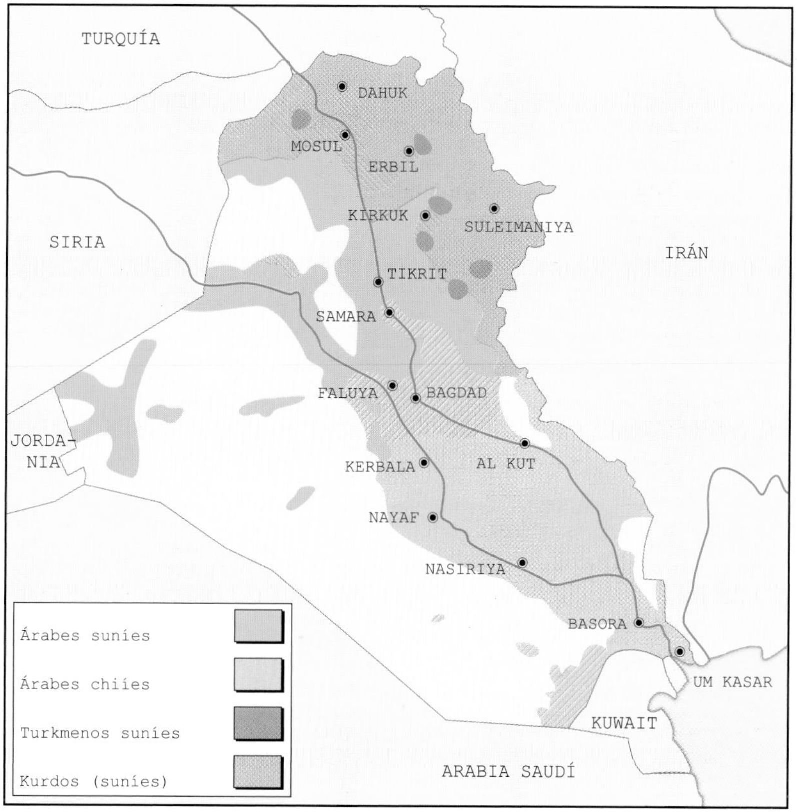

TURQUÍA

DAHUK

MOSUL

ERBIL

KIRKUK

SULEIMANIYA

SIRIA

IRÁN

TIKRIT

SAMARA

FALUYA   BAGDAD

JORDA-
NIA

KERBALA   AL KUT

NAYAF

NASIRIYA

BASORA

UM KASAR

KUWAIT

ARABIA SAUDÍ

Árabes suníes

Árabes chiíes

Turkmenos suníes

Kurdos (suníes)

73

La administración Bush, ante la magnitud de las dificultades, ha acabado reconociéndolo. Pero aún es necesario encontrar una fórmula aceptable para la participación de la ONU y de sus miembros más destacados.

El objetivo de los opositores activos a la presencia estadounidense, ya sean baasistas o islamistas, consiste en prolongar el estado de inseguridad, con la misma intensidad y durante el máximo de tiempo posible, con el propósito de empeorar la crisis política que experimenta Washington en Irak.

Un fracaso de Estados Unidos en Irak tendría consecuencias que desbordan el problema de la eventual reelección de Bush y conciernen también a los aliados de Estados Unidos, críticos o no.

INFRAESTRUCTURA PETROLERA DE IRAK

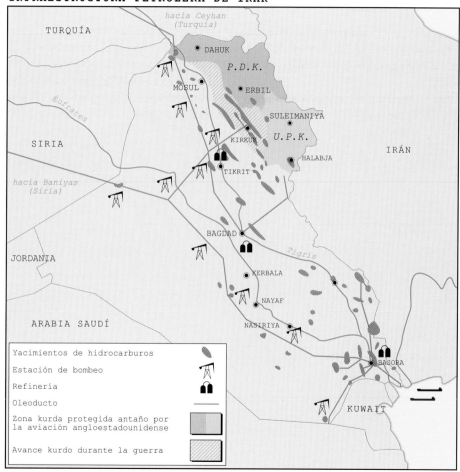

TURQUÍA

hacia Ceyhan (Turquía)

● DAHUK

P.D.K.

MOSUL ●

● ERBIL

SULEIMANIYA ●

SIRIA

Éufrates

KIRKUK ●

U.P.K.

● HALABJA

IRÁN

TIKRIT ●

hacia Baniyas (Siria)

BAGDAD ●

Tigris

JORDANIA

KERBALA ●

● NAYAF

NASIRIYA ●

ARABIA SAUDÍ

● BASORA

KUWAIT

Leyenda:

Yacimientos de hidrocarburos

Estación de bombeo

Refinería

Oleoducto

Zona kurda protegida antaño por la aviación angloestadounidense

Avance kurdo durante la guerra

El conflicto *palestino-israelí*

El conflicto palestino-israelí despierta tantas pasiones que es difícil exponerlo con serenidad.

La esencia del conflicto es, desde su origen, territorial. El observador del conflicto en el curso de la última década puede verificar la polarización hacia los extremos, tanto en el seno de la sociedad israelí (Likud, Shaas y Agudat Israel, los partidos que representan a los recientes inmigrantes procedentes de Rusia) como entre los movimientos palestinos (Hamas, Yihad islámica y brigadas de Al-Aqsa).

Desde luego, por parte israelí, cualquiera que fuera el partido en el poder después de la victoria de 1967, no dejó de acrecentar el establecimiento de colonias en Cisjordania. A partir de 1974, se dio un nuevo impulso con la creación del movimiento Gush Emunim (Bloque de la Fe), sustituido por el Partido Nacional Religioso y el Likud. La proliferación de las colonias se aceleró a partir del acceso al poder de Ariel Sharon.

El fracaso de Camp David (2000), sea quien sea el culpable del mismo, reforzó en ambas partes a los partidarios del rechazo de un compromiso.

Quizá la segunda Intifada se fundó en la suposición de que las tropas israelíes habrían evacuado el sur del Líbano por haber sufrido pérdidas sensibles (650 muertos). O quizá fue la estrategia con la que Yasir Arafat pretendió reafirmar su prestigio y contrarrestar la influencia creciente de Hamas.

En cualquier caso, la política, sobre todo llevada a cabo por Hamas, de atentados suicidas en Israel —y no exclusivamente en Cisjordania— se reveló desastrosa.

La respuesta israelí aspiraba a destruir la infraestructura de la Autoridad Palestina, volver a ocupar el conjunto de Cisjordania y bloquear tanto como fuera posible toda circulación no controlada. A las víctimas civiles indiscriminadas provocadas por los atentados suicidas, el Likud respondía con golpes selectivos, con frecuencia para eliminar a los dirigentes de las formaciones adversarias. En esta guerra desigual, las víctimas territoriales son los palestinos.

TERRITORIOS REIVINDICADOS POR EL MOVIMIENTO SIONISTA EN 1919

77

Al este, el territorio que se extiende a lo largo del Jordán y del Mar Muerto debería permanecer más o menos bajo el control israelí.

Al oeste, el muro de separación debería englobar con bastante holgura la región al sur de Ramala y la del «Gran Jerusalén».

Jerusalén Este (árabe)	
Altas densidades palestinas	
Muro de separación	
Colonias israelíes	
Bases militares israelíes	
H2 (bajo control israelí)	

LAS CONTROVERSIAS TERRITORIALES EN CISJORDANIA

Mar Mediterráneo

YENÍN
Gannim
Kaddim

TULKAREM
Avnei Hafetz
Elon Móreh
QALQILIYA
Zufin
NABLÚS
Bracha
Alfei Menashe
Ariel

TEL AVIV

Beit El
RAMALA
Pesagot
JERICÓ
Vered Yeriho

JERUSALÉN
Gilo
Maale Adummim
Har Gilo
Har Homa
BELÉN

ISRAEL

Ramat Mamre
HEBRÓN
Qiriat Arba
Mar Muerto
Hagai

RED DE CARRETERAS Y PUNTOS DE CONTROL ISRAELÍES

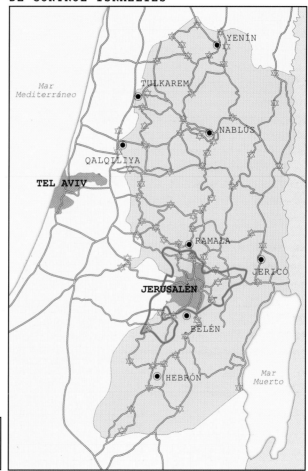

Sistema viario	——
Proyecto en curso de «Gran Jerusalén»	——
Puntos de control israelíes	✡

La «hoja de ruta» no tiene apenas posibilidades de desembocar en la creación, en 2005, de un Estado palestino.

Las eventuales presiones de Estados Unidos a propósito del trazado de la «valla de seguridad» no constituirán el principal motivo de inquietud para una administración preocupada por las elecciones y una situación de crisis en Irak. Por otra parte, Ariel Sharon no hizo ninguna concesión en lo esencial: el refuerzo de las colonias. Fortalecido por su superioridad militar, parece inevitable que el Likud intente conservar el máximo posible de territorios ocupados. El fin del conflicto no está a la vista.

En 1993, el número de colonos (Jerusalén Este, Cisjordania y Gaza) ascendía a cerca de 260.000. Diez años más tarde, puede evaluarse alrededor de los 440.000.

Cronología

1993 Reconocimiento mutuo entre Israel y la OLP, en Oslo, que prevé una autonomía palestina en cinco años.

1994 Yasir Arafat, de retorno del exilio, funda en Gaza una estructura autónoma denominada Autoridad Nacional Palestina, de la que será elegido presidente en 1996.

1995 Firma en Washington de un acuerdo (Oslo II) sobre la extensión de la autonomía en Cisjordania. Poco después, el Primer ministro Isaac Rabin es asesinado por un extremista israelí.

1998 Acuerdo provisional que implica la retirada militar israelí en un 13 % de Cisjordania.

2000 Nueva transferencia de territorios bajo el gobierno de Ehud Barak. La Autoridad Palestina controla alrededor del 40 % de Cisjordania. El presidente Clinton no consigue obtener un acuerdo entre las partes.

2000 Septiembre. Comienzo de la segunda Intifada, poco después de la visita de Ariel Sharon a la explanada de las mezquitas en Jerusalén.

2001 Reanudación informal de las negociaciones en Taba, que no prosperan. Ariel Sharon es elegido al frente del Likud.

2002 Como respuesta a los atentados palestinos, Israel vuelve a ocupar la totalidad de Cisjordania. Un plan de paz saudí propone el reconocimiento de Israel por parte de los Estados árabes a cambio de un retorno a las fronteras de 1967. El mismo año, Estados Unidos, la Unión Europea, la ONU y Rusia establecen una «hoja de ruta» que debe conducir a la creación de un Estado palestino en 2005.

2003 Se hace pública la «hoja de ruta»: Estados Unidos se compromete a trabajar en la creación de un Estado palestino. El gobierno israelí la adopta con numerosas reservas.

EL GOLÁN

LA FRANJA DE GAZA

El embrollo *paquistaní*

Conminado a elegir su bando después del 11 de septiembre de 2001, el general Musharraf salvó su régimen y su poder alineándose del lado de Estados Unidos. Sin embargo, los servicios paquistaníes habían respaldado a los talibanes con la finalidad, según ellos, de reforzar su profundidad estratégica contra la India. Pakistán se encuentra por la fuerza de las circunstancias aliada, al mismo tiempo, con China, que desde hace mucho tiempo mantiene buenas relaciones con Islamabad, y con Estados Unidos. Estado constitucionalmente confesional (1947), pero ampliamente rezagado, en el transcurso de los decenios, con respecto a su rival indio, que es militarmente superior, Pakistán se convirtió, en el umbral del siglo XXI, en el primer Estado musulmán nuclear. Contrariamente a los temores manifestados, la posesión de armamento nuclear condujo a la India y a Pakistán a la moderación. El hecho de haber tenido que alinearse del lado de Estados Unidos contra el Afganistán del *mulá* Omar llevó a Pakistán a incrementar su apoyo a los islamistas cachemires (respaldados por elementos paquistaníes). La internacionalización del conflicto de Cachemira se reveló un fracaso. La India, fortalecida por sus adelantos industriales y democráticos, se situó, al condenar el terrorismo, como aliado regional de Estados Unidos.

El general Musharraf necesita mucha habilidad para manejar su aparato, en el que son numerosos los elementos que conservan vínculos con los islamistas —paquistaníes o no—, sin dejar de practicar una diplomacia compleja que se apoya en el hecho de que su presencia en el poder es indispensable.

Es difícil saber cuál es el grado de control o de complicidad del aparato paquistaní en las zonas tribales pastunes. Éstas, tradicionalmente, se revelan poco penetrables y casi incontrolables, incluso en el período del Imperio Británico. Se trata de un territorio de confines militares. Este santuario permitirá a los opositores del poder afgano actual (talibanes, islamistas, etc.) llevar a cabo una guerrilla prolongada que no se ve bien cómo podrá ser combatida con éxito en las condiciones presentes.

Entretanto, el conflicto de Cachemira, del que se ha llegado a decir que es el cemento de la unidad pakistaní, sigue siendo la justificación del régimen en la medida en que numerosos elementos organizados entre los islamistas de Pakistán consideran que el jefe de Estado paquistaní ha traicionado el Afganistán del mulá Omar.

En consecuencia, el terreno sobre el que se ejerce la estrategia político-diplomática del general Musharraf está minado.

82

LOS GRUPOS ÉTNICOS EN PAKISTÁN

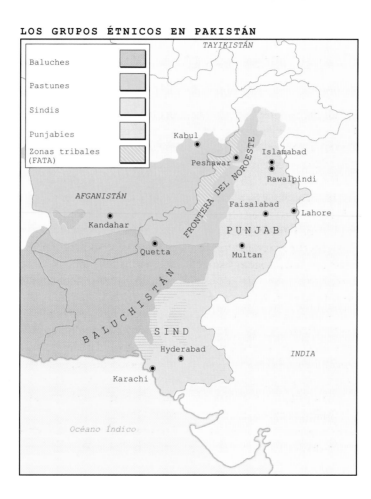

Cachemira

Una ley que fue votada durante la época de Nehru prohibía que los indios compraran tierras en Cachemira. Se da la circunstancia de que la democracia india se encarga de que esta ley sea respetada. ¿Qué otro país al este o al oeste de la India se habría abstenido, habida cuenta del peso demográfico de la India, de ahogar en número a la modesta población de Cachemira-Jammu?

Cualesquiera que sean las exacciones de las que puedan valerse los nacionalistas cachemires, la ocupación militar india, en comparación con otras ocupaciones contemporáneas en Asia, tras unos comienzos brutales, sigue siendo en su conjunto moderada. La posición de Pakistán es tajante: reunificación de Cachemira y apoyo, para conseguirlo, a los islamistas cachemires, paquistaníes o extranjeros llegados para participar en una *yihad*.

La India intenta transformar la línea de control en una frontera permanente y establecer una administración que le sea adepta. De momento, este conflicto es necesario para el poder paquistaní y para la India constituye un lastre llevadero.

EL PROBLEMA DE CACHEMIRA

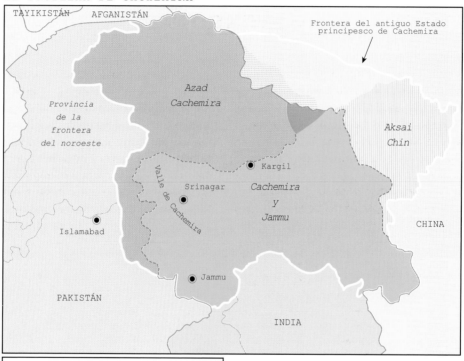

TAYIKISTÁN   AFGANISTÁN

Frontera del antiguo Estado
principesco de Cachemira

*Azad
Cachemira*

*Provincia
de la
frontera
del noroeste*

*Aksai
Chin*

Kargil

Valle de Cachemira

Srinagar

*Cachemira
y
Jammu*

CHINA

Islamabad

Jammu

PAKISTÁN

INDIA

Ocupado por la India desde 1984	
Ocupado por Pakistán desde 1949	
Territorios cedidos por Pakistán a China en 1963	
Aksai Chin controlado por China y reivindicado por la India desde 1962	

La India *y su seguridad*

La India de los diez últimos años se caracteriza por una liberalización de la economía emprendida por el Partido del Congreso y, a partir de 1998, por el ascenso al poder de un partido nacionalista que exalta la esencia hindú y gusta de señalar que la India fue subyugada durante mucho tiempo por el islam. El Partido del Pueblo Indio —la derecha hinduista nacionalista— se acercó, inmediatamente después del 11 de septiembre de 2001, a Estados Unidos y se erigió como un contrapeso de China, aunque sea menos pujante desde un punto de vista económico. Potencia nuclear desde 1998, la India sigue teniendo, desde 1947, como rival a Pakistán. La crisis de Cachemira se agravó tras el auge del islamismo. Los atentados desbordaron, en muchas ocasiones, el territorio de Cachemira para afectar directamente a la India, en especial el de diciembre de 2001 en el Parlamento de Delhi. La situación entre los dos Estados seguirá, a pesar de las tentativas de acercamiento, marcada por la hostilidad.

No habrá ni condena a Pakistán como «Estado terrorista» ni referéndum internacional relativo al estatuto de Cachemira.

La India pretende ampliar su espacio estratégico en el sur de Asia, desde el golfo de Bengala hasta el estrecho de Malaca, y se percata de que la influencia china en su periferia (Pakistán, Myanmar, Nepal, Bangladesh) tiende a aumentar.

LA INDIA Y SU PERCEPCIÓN DE SU SEGURIDAD

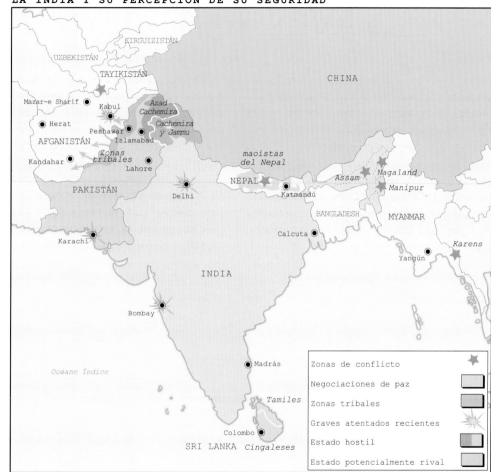

KIRGUIZISTÁN

UZBEKISTÁN

TAYIKISTÁN

CHINA

Mazar-e Sharif

Kabul

Azad Cachemira

Herat

Peshawar

Cachemira y Jammu

AFGANISTÁN

Islamabad

Zonas tribales

maoístas del Nepal

Kandahar

Lahore

NEPAL

Assam

Nagaland

Delhi

Katmándú

Manipur

PAKISTÁN

BANGLADESH

MYANMAR

Karachi

Calcuta

87

Yangún

Karens

INDIA

Bombay

Madrás

Océano Índico

Tamiles

Colombo

SRI LANKA   Cingaleses

Zonas de conflicto

Negociaciones de paz

Zonas tribales

Graves atentados recientes

Estado hostil

Estado potencialmente rival

Los circuitos *de la droga*

La economía paralela constituida por las drogas no ha dejado de crecer en el curso del último decenio. Se ve favorecida por numerosos factores (guerras, importantes beneficios, corrupción, etc.) y cada vez está mejor organizada. De la misma forma que se observa una privatización acelerada de la violencia, se manifiesta un desarrollo de la criminalidad.

Desde hace algunos años, es relevante el rebrote de la piratería. Opera a lo largo de las costas y estrechos con lanchas motoras rápidas que incluso pueden abordar, por sorpresa, a los petroleros.

Paraísos fiscales

Son centros extraterritoriales (*offshore*) cuyas actividades financieras están casi exentas de control y que constituyen, por consiguiente, «paraísos fiscales»: Belice, Costa Rica, Panamá, islas Marshall, Nauru (Nueva Zelanda), Vanutu, Nive (Nueva Zelanda), Bahamas, islas Caimanes (Gran Bretaña), islas Turcas y Caicos (Gran Bretaña), Saint-Kitts y Nevis, Antigua y Barbados, Santa Lucía, San Vicente, Araba (Holanda), Antillas holandesas, Seychelles, Mauricio, Chipre, Líbano, Liechtenstein y Liberia.

Los paraísos financieros cuyas actividades están controladas (al menos por el sistema bancario local) son: Bermudas (Gran Bretaña), Barbados, islas Marianas, Hong Kong, Macao, Labuan (Malasia), Singapur, Bahrein, Dubai (Emiratos Árabes Unidos), Campione (Italia), Mónaco, Andorra, Suiza, Luxemburgo, Dublín (Irlanda), isla de Man (Gran Bretaña), Guernesey (Gran Bretaña), Jersey (Gran Bretaña), Sarcq (Gran Bretaña), Gibraltar (Gran Bretaña), Madeira (Portugal) y Malta.

PRODUCCIÓN Y CIRCUITOS DEL OPIO Y DE LA HEROÍNA EN EL MUNDO

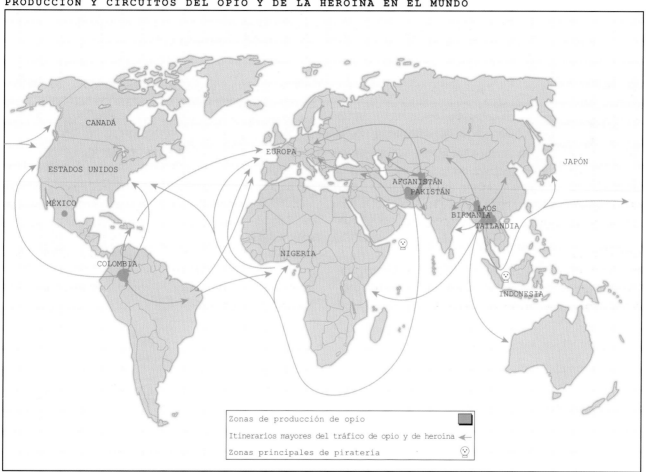

Latinoamérica

El destino del mundo no se decide en Latinoamérica ni en África.

Estados Unidos está presente en Colombia. Desde 2000, invirtió dos mil millones y medio de dólares en ayuda sobre todo militar y económica en el marco del plan Colombia con la finalidad de combatir el tráfico de drogas y las guerrillas. Este programa deberá concluir en 2005.

Por otra parte, en Venezuela, Washington intentó acabar indirectamente con el poder del populista Chávez. Argentina, contrariamente a Turquía, que padeció una situación similar de crisis en 2001, no recibió la misma ayuda porque no presenta el mismo interés geopolítico.

Brasil está ensayando una experiencia que podría fracasar si su presidente aplica el programa por el que fue elegido; eventualmente, puede no acabar en fracaso si consigue conciliar las imposiciones exteriores y las presiones internas.

90

LATINOAMÉRICA

Conflictos en el África *subsahariana*

La debilidad del Estado, el insignificante crecimiento económico, o el estancamiento, y la demografía desbordada desde hace cuatro décadas explican en gran parte tanto la proliferación de las guerras como las epidemias en un África ampliamente rezagada con respecto a los otros continentes del Sur.

El conflicto más grave se desarrolló, y sigue desarrollándose, en la región de los Grandes Lagos, cuyo punto de partida fueron, a la vez, la caída de Mobutu, después de veinte años de protección occidental, y la tragedia ruandesa, no obstante anunciada (al haberse abstenido Francia de actuar preventivamente). Esta tragedia acabó en un genocidio, ya que Naciones Unidas retiró sus tropas, que se consideraron insuficientes. Sobre el telón de fondo de la rivalidad de anglosajones y franceses, el conflicto provocó la intervención en el Congo de numerosos países limítrofes: Uganda, Sudán, Angola y Zimbabue. Actualmente, con las interferencias de la República Democrática del Congo, de Ruanda y de Uganda, continúa el conflicto en la provincia aurífera de Ituri, entre Hamas y Lendus.

Las tropas francesas intervinieron por segunda vez en la región (la primera tras las matanzas en Ruanda).

La guerra civil desgarra a Burundi, frente a la indiferencia casi absoluta, salvo en África, del resto del mundo.

Con la muerte de Jonas Savimbi, sin duda facilitada por la ayuda técnica de los servicios estadounidenses, concluyó la larga guerra de Angola y las relaciones estadounidense-angoleñas son ahora de lo más cordiales (firmas estadounidenses especializadas garantizan allí una parte de la seguridad).

Temporalmente, hizo su aparición un nuevo tipo de mercenarismo en el África subsahariana: Executive Outcome, en Angola, y Sandline Internacional, en Sierra Leona, antes de que los Estados controlaran la situación (el MPRI paraestatal estadounidense sustituyó al Executive Outcome y el propio ejército británico intervino en Sierra Leona). Francia se interpuso para arbitrar la situación de guerra civil en Costa de Marfil. Finalmente, Liberia, después de catorce años de conflicto, recobró una apariencia de calma.

En la mayoría de los casos, los conflictos afectaron a países ricos en diamantes o en otros recursos mineros.

En Nigeria, el más poblado de los países africanos (115 millones de habitantes), se puede observar un claro incremento del islamismo militante: doce Estados entre treinta y seis practican la *sharía*. Este fenómeno, de manera más discreta, no es despreciable en otros países del oeste y el este africano.

CONFLICTOS EN EL ÁFRICA SUBSAHARIANA (1991-2003)

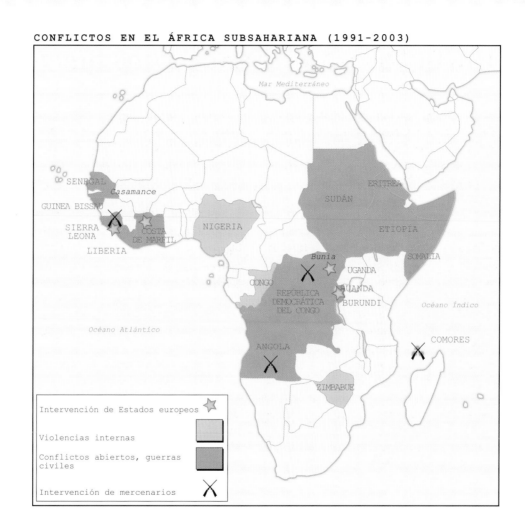

Mar Mediterráneo

SENEGAL
Casamance
GUINEA BISSAU
SIERRA
LEONA
COSTA
DE MARFIL
LIBERIA
NIGERIA

SUDÁN
ERITREA
ETIOPÍA
SOMALIA

Bunia
UGANDA
CONGO
RUANDA
REPÚBLICA
DEMOCRÁTICA
DEL CONGO
BURUNDI

Océano Índico

Océano Atlántico

ANGOLA

COMORES

ZIMBABUE

Intervención de Estados europeos

Violencias internas

Conflictos abiertos, guerras
civiles

Intervención de mercenarios

Yugoslavia: *una guerra en Europa*

La descomposición del sistema comunista en Europa fue el factor que sirvió de detonante al conflicto yugoslavo. El primer acto lo constituyó, sin duda, la supresión del estatuto de autonomía en Kosovo, que ponía de manifiesto las intenciones de la «Gran Serbia». Cerca de 200.000 muertos fueron necesarios para que vieran la luz una serie de nuevos Estados, y entre ellos Bosnia.

Esta recomposición étnica de fin de imperio, retardada por la ideología marxista-leninista, se llevó a cabo, como era previsible, con una extrema brutalidad. ¿Llegó verdaderamente a término? Lo sabremos cuando las tropas extranjeras abandonen el país. Quizá las matanzas de Bosnia-Herzegovina habrían podido ser evitadas si las tropas de la ONU hubieran organizado la recomposición étnica reagrupando con autoridad comunidades que, a pesar de haber vivido mucho tiempo en vecindad, permanecían, sin embargo, extrañas unas a otras y, en su mayor parte, practicaban la endogamia (salvo, bajo el titismo, en las ciudades).

La cohabitación de las comunidades religiosas en el Imperio Otomano era un hecho, pero era coercitiva. En el momento del despertar nacionalista, las relaciones de vecindad se hicieron fácilmente añicos, sobre todo si estaban marcadas por contenciosos históricos provisionalmente enterrados y que, súbitamente, resurgieron.

La Unión Europea, en el curso del proceso de desmembración de Yugoslavia, demostró su falta de voluntad y su poco compromiso mientras enfáticamente proclamaba que era intolerable que tales acontecimientos pudieran producirse en Europa.

Tras haberse refugiado en el dogma de la inviolabilidad de las fronteras, la Unión Europea, bajo la instigación de Alemania, aceptó avalar las independencias de Eslovenia y Croacia. La perspectiva de una independencia de Bosnia-Herzegovina comportaba un conflicto inevitable entre los tres componentes de la república: serbios, croatas y musulmanes. Es inútil la pretensión de hacer coexistir a quienes ya no desean seguir viviendo juntos. La Federación croata-musulmana, que es la Bosnia actual, es también un híbrido cuya dinámica, sin tropas extranjeras, aboca a una partición. Los acuerdos de Dayton (1995), que Estados Unidos pudo imponer a los beligerantes, poniendo así en evidencia la impotencia de la Unión Europea, dieron fin a las hostilidades en Bosnia.

Los albaneses de Kosovo, que desde el comienzo del proceso de desmembración de Yugoslavia habían estado en el centro de las preocupaciones serbias, no iban a consentir obtener menos de lo que se había concedido a los serbios de Bosnia: la crisis de Kosovo, también inevitable, era el último acto de la fragmentación del mosaico yugoslavo. Una vez más, no quedaba otra elección que apelar a Estados Unidos, el único que podía imponer por la fuerza un principio de solución. Bajo la égida de la OTAN, la guerra aérea ponía fin a esta última crisis (1999).

El estatuto final de Kosovo no ha sido reglamentado, y deberá serlo un día u otro. La inmensa mayoría de la provincia es alba-

94

KOSOVARES Y ALBANESES EN SERBIA Y EN MACEDONIA

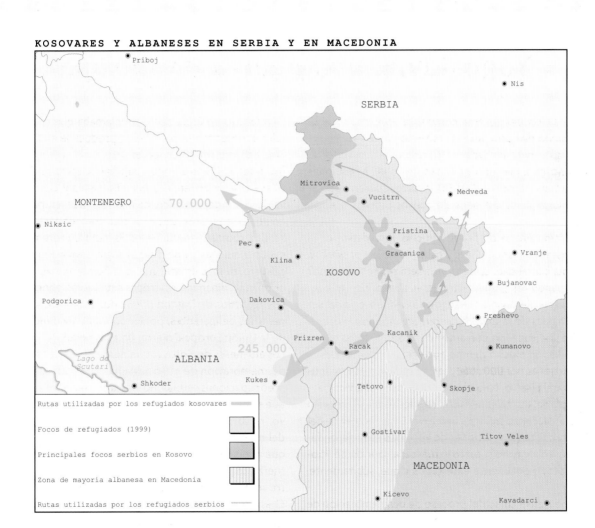

Priboj

Nis

SERBIA

Mitrovica

Vucitrn

Medveda

MONTENEGRO   70.000

Niksic

Pristina

Pec

Vranje

Klina   KOSOVO   Gracanica

Bujanovac

Podgorica

Dakovica   Preshevo

Kacanik

Prizren   Racak   Kumanovo

Lago de
Scutari   245.000

ALBANIA   Kukes

Tetovo   Skopje

Shkoder

Gostivar   Titov Veles

MACEDONIA

Kicevo   Kavadarci

Rutas utilizadas por los refugiados kosovares

Focos de refugiados (1999)

Principales focos serbios en Kosovo

Zona de mayoria albanesa en Macedonia

Rutas utilizadas por los refugiados serbios

95

EL MOSAICO ÉTNICO DE BOSNIA EN 1991

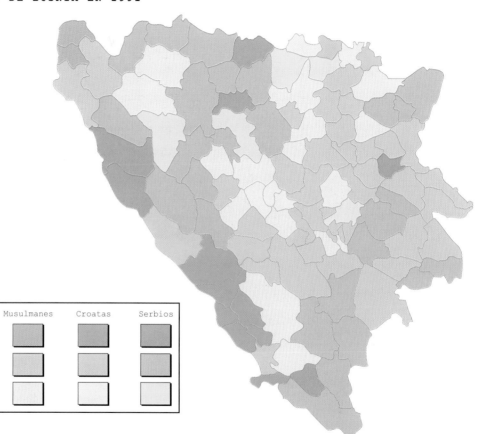

Reparto étnico en 1991	Musulmanes	Croatas	Serbios
por encima del 80%			
por encima del 50%			
Minoría más importante			

BOSNIA AL TÉRMINO DEL CONFLICTO (1995)

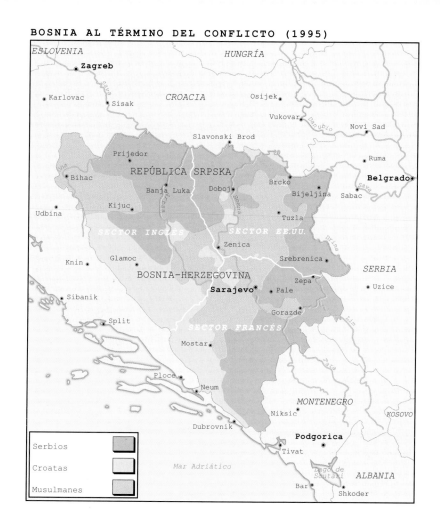

nesa; el norte, serbio. ¿Podrá el crecimiento económico, y eventualmente la democracia, con el paso del tiempo, lograr la coexistencia entre quienes no la quieren? ¿O bien las tropas extranjeras seguirán siendo por un tiempo indeterminado las garantes de un protectorado en Bosnia y Kosovo, incluso en Macedonia, demostrando con su presencia que no hay ni guerra ni paz?

LOS NUEVOS ESTADOS SURGIDOS DE LA DESMEMBRACIÓN
DE YUGOSLAVIA

La Federación *de Rusia*

Los últimos años de la descomposición de la URSS estuvieron seguidos por una década de retroceso. La conmoción social del paso de la URSS dirigida por el Partido Comunista a la Federación de Rusia, con instituciones semidemocráticas, fue traumática. La apuesta de Mijaíl Gorbachov fracasó y se reveló catastrófica para la Federación de Rusia, especialmente durante los años 1990-1999. La inflación por sí sola empujó a una parte muy importante de la población a la marginalidad de la lucha por la supervivencia cotidiana. En contraste, una reducida cantidad de individuos amasó inmensas fortunas por medios ilícitos. Y todo ello sobre el telón de fondo de un desorden institucional y administrativo. Después de algunos años, ha reanudado el crecimiento, al ponerse de nuevo en orden, bien que mal, la economía, y el país, en comparación con la década de 1980, vuelve a estar gobernado.

Sin embargo, Rusia ya no será nunca una potencia mundial. Como máximo, gracias a su arsenal militar, a sus recursos, a la inmensidad de su territorio y a su presidente Vladimir Putin, es una potencia regional cuyo peso político, en el momento actual, está muy por debajo de su potencia económica. El producto nacional bruto (PNB) de China la coloca en el sexto lugar como potencia industrial. Rusia, aunque pertenezca al G-8, no se encuentra siquiera entre los diez primeros.

Para Rusia, se trata, en el aspecto interior, de enderezar de forma prioritaria la economía y de efectuar una verdadera transición, entorpecida por las oligarquías. Y de reformar un ejército enorme y desorientado, mediante la reducción y la profesionalización de sus efectivos, a la vez que reestructurando un cuerpo de oficiales capaces y motivados. La crisis de la natalidad, la salud, el sistema hospitalario, la disminución del nivel educativo en general, todo eso constituye un problema para un país que tiene necesidad de recuperar la confianza en sí mismo. La tarea actual radica nada menos que en una recuperación nacional. El desarrollo de la industria del petróleo y del gas —Rusia era especialmente rica en este último— constituye el objetivo de la estrategia de reestructuración emprendida por Vladimir Putin.

En 2001, Rusia se resignaba a una ampliación de la OTAN a los países bálticos y a la revocación del tratado concerniente a los misiles balísticos. En contrapartida, podía esperar la adhesión a la Organización Mundial del Comercio (OMC) y el mantenimiento de su libertad de acción en Chechenia sin exponerse a críticas sistemáticas. Desde la mañana del 11 de septiembre, el presidente ruso fue el primero en garantizar a G. W. Bush su apoyo en la lucha contra el terrorismo islamista. Rusia ya había tenido que enfrentarse, al margen de la guerra de Afganistán, a las incursiones en Tayikistán y luego en el Cáucaso, desde el comienzo de la segunda guerra de Chechenia.

La opción de Vladimir Putin en política exterior se orientó, en primer lugar, hacia una colaboración estratégica con Estados Uni-

LA DISLOCACIÓN DEL IMPERIO SOVIÉTICO

Océano Glacial Ártico

PAÍSES BÁLTICOS
(7,5 m. hab.)

BIELORRUSIA
(10,2 m. hab.)

MOLDAVIA
(4,3 m. hab.)

UCRANIA
(52 m. hab.)

FEDERACIÓN DE RUSIA
(147 m. hab.)

GEORGIA
(5,4 m. hab.)

AZERBAIYÁN
(7 m. hab.)

ARMENIA
(3,3 m. hab.)

KAZAJSTÁN
(16 m. hab.)

UZBEKISTÁN
(19 m. hab.)

TURKMENISTÁN
(3,5 m. hab.)

TAYIKISTÁN
(5 m. hab.)

KIRGUIZISTÁN
(4,2 m. hab.)

LA NUEVA DIVISIÓN ADMINISTRATIVA DE LA FEDERACIÓN DE RUSIA

Océano Glacial Ártico

REINO UNIDO

NORUEGA

SUECIA

ALEMANIA

FINLANDIA

PAÍSES
POLONIA BÁLTICOS
San Petersburgo

BIELORRUSIA

NOROESTE

EXTREMO ORIENTE

RUMANÍA
UCRANIA

Moscú

CENTRO

URAL

Nijni-Novgorod

SIBERIA

VOLGA

Ekaterinburg

Jabarovsk

Mar
Negro

Rostov-
na-Donu

Novosibirsk

TURQUÍA

SUR

SIRIA

KAZAJSTÁN

Mar Caspio

COREA
DEL NORTE

JAPÓN

MONGOLIA

IRAK

UZBEKISTÁN

TURKMENISTÁN

TAYIKISTÁN

COREA
DEL SUR

IRÁN

KIRGUIZISTÁN

CHINA

dos, sin dejar de jugar, en función de las necesidades, con las convergencias circunstanciales con la Unión Europea, incluso con China. Las relaciones con Asia central, aun cuando no sean tan exclusivas como en otro tiempo, son en general cordiales, con matices, habiendo sido siempre los vínculos con Kazajstán especialmente más estrechos que con Uzbekistán.

De forma general, los rusos —y otros eslavos— evacuaron los países independientes del Cáucaso y de Asia central, con excepción de Kazajstán, donde constituían el 40 % de la población. En la actualidad, eso está lejos de ser así. La geopolítica rusa es, por definición, la de un gran territorio que ocupa más de los dos tercios septentrionales del continente euroasiático. Por eso, el espacio ruso, domesticado por el Transiberiano a comienzos del último siglo, está configurado actualmente para poner en comunicación cómodamente el territorio comprendido entre Japón y Polonia, en el sentido este-oeste, mientras acrecienta las vías sur-norte hacia Arcángel o Indiga. La multiplicación de los gasoductos, especialmente hacia Europa, y de los oleoductos obedece a la misma razón. La geopolítica rusa es primeramente una ocupación de su propia geografía y luego un intento de mejorar sus relaciones exteriores: en primer lugar, con el exterior inmediato y Mongolia, y luego con los vecinos principales: China, Japón y Corea; la India; Irán; Turquía. Y, finalmente, la Unión Europea, y, en un plano más global, las relaciones privilegiadas con Estados Unidos.

Con excepción de Tayikistán, consecuencia de la guerra de Afganistán, y de Moldavia (Transnistria), la transición soviética sólo fue violenta en el Cáucaso.

El Cáucaso, al igual que los Balcanes ayer, es una región altamente conflictiva. Zona de refugio, montañosa —a excepción de Azerbaiyán—, sus poblaciones, muy diferentes en el plano étnico y religioso, se han opuesto más entre sí que a la propia Rusia. Históricamente, la presencia rusa se llevó a cabo, en primer lugar, por el sur (Georgia) antes de intentar penetrar por el norte. La conquista, en el siglo XIX, de las regiones chechena y daguestana fue prolongada y difícil.

El primer conflicto estalló a propósito del Alto Karabaj (1988), un territorio mayoritariamente poblado por armenios (el 80 %), cuyo reparto fue un producto, al igual que el territorio de Najitcheván, del «dividir para reinar» imperial de la política de las nacionalidades de Stalin.

Considerándose vejados por Bakú, los armenios del Alto Karabaj reclamaron en vano, bajo Gorbachov, su incorporación a Armenia en el marco de la Unión Soviética. El principio del derecho a la autodeterminación de los pueblos chocaba con el principio de la invulnerabilidad de las fronteras (aunque Nikita Kruschev incorporó Crimea a su Ucrania natal).

El conflicto armado, en el que Rusia según las circunstancias cambiaba de campo, se saldó, tras expulsiones brutales por una y otra parte, con una victoria militar de los armenios. Estos últimos, después de haber cometido algunos abusos condenables, expulsaron, sin proceder por el contrario a exterminios masivos, a varios cientos de miles de azeríes de los territorios adyacentes del Alto Karabaj. La guerra finalizó en 1994, y desde entonces no se ha podido vislumbrar ningún arreglo. Rusia sigue siendo el árbitro de la situación, porque las diversas inicia-

ESPACIO RUSO Y VÍAS DE COMUNICACIÓN

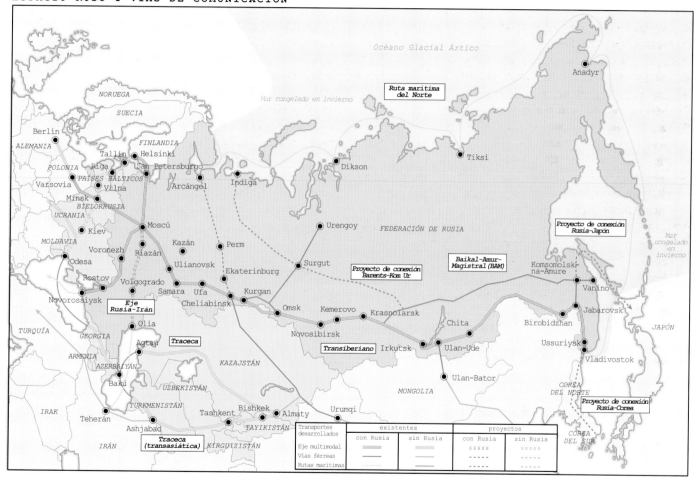

Océano Glacial Ártico

Ruta marítima del Norte

Mar congelado en invierno

Proyecto de conexión Rusia-Japón

Mar congelado en invierno

NORUEGA
SUECIA
FINLANDIA
ALEMANIA
Berlín
Tallin
Helsinki
POLONIA
Riga
San Petersburgo
PAÍSES BÁLTICOS
Varsovia
Vilna
Arcángel
Indiga
Minsk
BIELORRUSIA
UCRANIA
Moscú
Kiev
Urengoy
FEDERACIÓN DE RUSIA
MOLDAVIA
Voronezh
Kazán
Riazán
Perm
Odesa
Ulianovsk
Ekaterinburg
Surgut
Proyecto de conexión Barents-Kom Ur
Baikal-Amur-Magistral (BAM)
Komsomolsk-na-Amure
Rostov
Volgogrado
Samara
Ufa
Kurgan
Vanino
Novorossiysk
Cheliabinsk
Omsk
Kemerovo
Krasnoiarsk
Jabarovsk
Eje Rusia-Irán
Chita
Birobidzhan
JAPÓN
Qlia
Novosibírsk
Ulan-Ude
Ussuriysk
TURQUÍA
GEORGIA
Traceca
Transiberiano
Irkutsk
Vladivostok
Agtau
ARMENIA
KAZAJSTÁN
AZERBAIYÁN
Ulan-Bator
COREA DEL NORTE
Bakú
UZBEKISTÁN
MONGOLIA
Proyecto de conexión Rusia-Corea
IRAK
TURKMENISTÁN
Tashkent
Bishkek
Urumqi
Teherán
Almaty
Ashjabad
TAYIKISTÁN
Traceca (transasiática)
IRÁN
KIRGUIZISTÁN
COREA DEL SUR

Dikson
Tiksi
Anadyr

Transportes desarrollados	existentes		proyectos	
	con Rusia	sin Rusia	con Rusia	sin Rusia
Eje multimodal				
Vías férreas				
Rutas marítimas				

tivas internacionales de conciliación que intentaron llegar a un arreglo fracasaron.

Georgia se granjeó la enemistad de la mayor parte de sus minorías, entre ellas los abjazos y los osetos del sur (1992-1994), con su política nacionalista. Como en el conflicto del Alto Karabaj, Rusia desempeñó un papel indirecto para seguir siendo el árbitro de las situaciones conflictivas fijándolas en un «ni paz ni guerra». Tanto abjazos como osetos del sur se han liberado actualmente del control de Georgia, que padeció el reflujo hacia Tbilisi de numerosos refugiados.

En las tres repúblicas caucásicas se verifica una despoblación no despreciable. Azerbaiyán espera desde hace una década el maná petrolero que le permitiría un despegue. Pero esta perspectiva parece lastrada por un importante grado de corrupción que no le pertenece en exclusiva en la región.

Durante el primer conflicto (1994), los chechenos se equivocaron al exigir la independencia en una situación de enclave. En una situación bastante similar, los tártaros de Kazán, que, contrariamente a los chechenos, están dotados de una clase intelectual numerosa, reclamaron y obtuvieron una autonomía real. Desde entonces, administran sus propios negocios. Después de un duro conflicto, el general Lebed firmó con el checheno Masjadov un acuerdo de paz en 1996.

Hay que señalar que, contrariamente a los abjazos y a los armenios del Alto Karabaj, que consiguieron establecer estructuras estatales, los chechenos, que son menos de un millón, se caracterizaron por la toma de rehenes y el tráfico ilegal durante los años de paz.

En agosto de 1999, los chechenos de Shamil Basaiev y de su aliado jordano, el islamista Jattab, se infiltraron en Daguestán. (En septiembre, se atribuyó a los chechenos un grave atentado en Moscú.) Cuando comenzó la segunda guerra de Chechenia, los daguestanos lucharon contra la intromisión de los islamistas chechenos. La ampliación deseada de la *yihad* había fracasado. Las tropas rusas, mal dirigidas y mal preparadas, sufrieron graves pérdidas antes de tomar posesión de Grozny.

Luego, la guerrilla chechena, atrincherada en las montañas meridionales, continuó hostigando a las tropas de ocupación mediante métodos brutales. El hecho de disponer de un santuario en Georgia, en las gargantas del Pankisi, permite a los chechenos beneficiarse de una ayuda logística que hace posible la prolongación de la lucha.

El poder ruso debe encontrar una salida política para aquellos, numerosos entre los chechenos, que no comparten los objetivos de los islamistas. Los jefes de clan chechenos podrían ser, a este respecto, los interlocutores.

106

GASODUCTOS Y OLEODUCTOS EN LA RUSIA EUROPEA

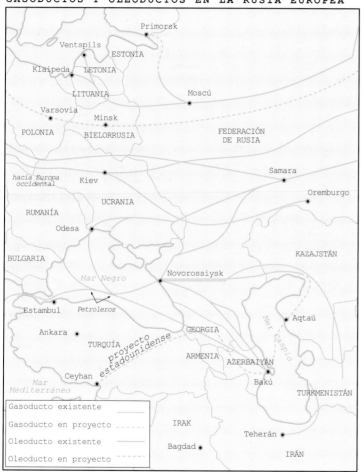

Primorsk

Ventspils

ESTONIA

Klaipeda

LETONIA

LITUANIA

Varsovia

Minsk

Moscú

POLONIA

BIELORRUSIA

FEDERACIÓN
DE RUSIA

hacia Europa
occidental

Kiev

Samara

UCRANIA

Oremburgo

RUMANÍA

Odesa

KAZAJSTÁN

BULGARIA

Mar Negro

Novorossiysk

Estambul

Petroleros

Aqtaú

Ankara

TURQUÍA

GEORGIA

Mar Caspio

proyecto
estadounidense

ARMENIA

AZERBAIYÁN

Ceyhan

Bakú

Mar
Mediterráneo

TURKMENISTÁN

| Gasoducto existente |
| Gasoducto en proyecto |
| Oleoducto existente |
| Oleoducto en proyecto |

IRAK

Teherán

Bagdad

IRÁN

LOS MUSULMANES TERRITORIALES EN LA FEDERACIÓN DE RUSIA

Mar Báltico

Kaliningrado

FINLANDIA

LETONIA

POLONIA

ESTONIA

LITUANIA

San Petersburgo

BIELORRUSIA

UCRANIA

Moscú

Bashkortostán

Tatarstán

Rostov

Adigués

Karachaevs
y cherkesos

GEORGIA

Kabardos
y balkares

ARMENIA

Ingushetia

Chechenia

AZERBAIYÁN

Daguestán

KAZAJSTÁN

GRUPOS NACIONALES Y RELIGIOSOS EN EL CÁUCASO

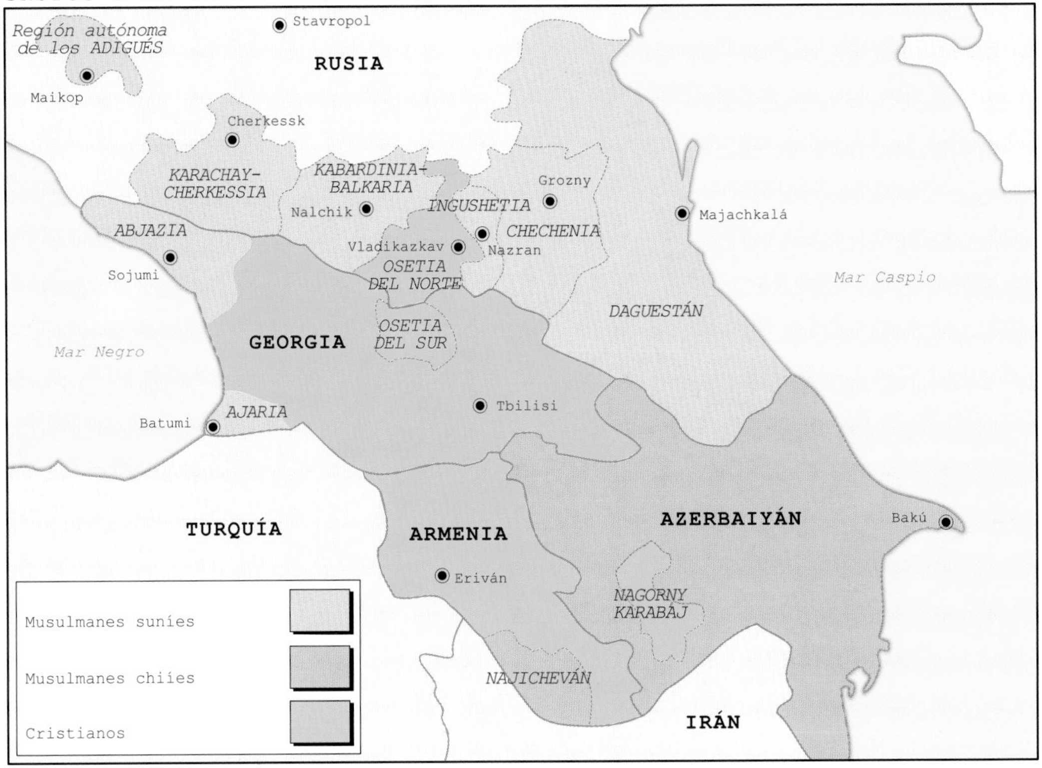

Región autónoma de los ADIGUÉS

Stavropol

RUSIA

Maikop

Cherkessk

KARACHAY-CHERKESSIA

KABARDINIA-BALKARIA

Nalchik

INGUSHETIA

Grozny

Majachkalá

ABJAZIA

Vladikazkav

CHECHENIA

Nazran

Sojumi

OSETIA DEL NORTE

DAGUESTÁN

Mar Caspio

GEORGIA

OSETIA DEL SUR

Mar Negro

Batumi

AJARIA

Tbilisi

AZERBAIYÁN

Bakú

TURQUÍA

ARMENIA

Eriván

NAGORNY KARABÀJ

NAJICHEVÁN

IRÁN

Musulmanes suníes

Musulmanes chiíes

Cristianos

PETRÓLEO Y CONFLICTOS EN EL CÁUCASO TRAS LA CAÍDA DE LA UNIÓN SOVIÉTICA

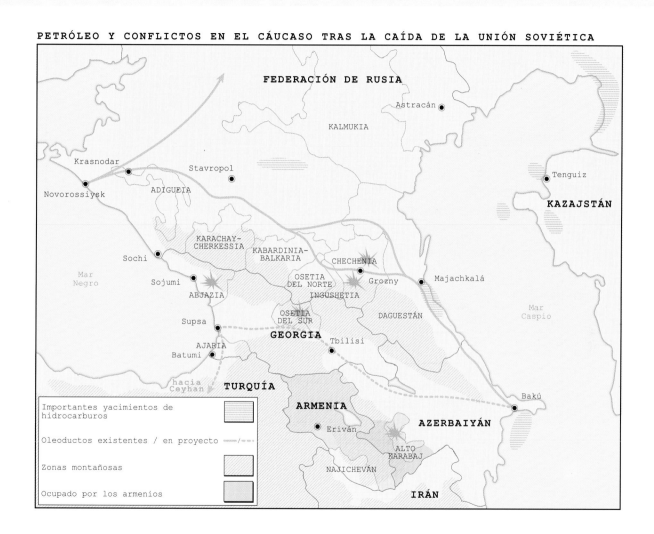

FEDERACIÓN DE RUSIA

Astracán

KALMUKIA

Krasnodar

Stavropol

Tenguiz

Novorossiysk

ADIGUEIA

KAZAJSTÁN

Sochi

KARACHAY-
CHERKESSIA

KABARDINIA-
BALKARIA

CHECHENIA

Mar
Negro

Sojumi

OSETIA
DEL NORTE

Grozny

Majachkalá

ABJAZIA

INGUSHETIA

Mar
Caspio

Supsa

OSETIA
DEL SUR

DAGUESTÁN

GEORGIA

Tbilisi

AJARIA

Batumi

hacia
Ceyhan

TURQUÍA

Bakú

ARMENIA

AZERBAIYÁN

Eriván

ALTO
KARABAJ

NAJICHEVÁN

IRÁN

Importantes yacimientos de hidrocarburos	
Oleoductos existentes / en proyecto	—— / ---
Zonas montañosas	
Ocupado por los armenios	

109

CHECHENIA

FEDERACIÓN DE RUSIA

Projladnyy

Mozdok

KABARDINIA-
BALKARIA

Nadterechnaya

Kargalinskaya

LLANURAS

Kalinovskaya

Chervlennaya

DAGUESTÁN

INGUSHETIA

Grozny

Gudermes

Argún

Beslan

Nazran

OSETIA
DEL NORTE

Uruz-
Martan

Shali

Vladikazkav

CHECHENIA

Sovetskoye

▲ *3.036 m*

*MONTES DEL
CÁUCASO*

▲ *4.494 m*

▲ *4.270 m*

GEORGIA

*Gargantas
de Pankisi*

China *y la percepción de su seguridad*

Para proseguir su crecimiento económico, China necesita paz y cohesión social. Por eso, los ademanes chinos a propósito de Taiwán, y *a fortiori* de las Paracels o las Spratly, no se traducirán en consecuencias marciales. Aun cuando el presupuesto militar chino es importante y la modernización de los ejércitos tiene como objetivo una eventual intervención en Taiwán, ésta desempeña sobre todo una función movilizadora.

Los acontecimientos de la plaza de Tiananmen, y luego el desmoronamiento de la Unión Soviética, mientras Estados Unidos libraba su primera guerra del Golfo (1991), hicieron que China se ratificase en sus decisiones: crecimiento económico acelerado en el marco de una «economía socialista de mercado» y monopolio político del Partido como garante no sólo de la modernización, sino también de la unidad y el orden. El mensaje representado por el envío de dos portaaviones estadounidenses, en marzo de 1996, al estrecho de Taiwán no cayó en saco roto para los dirigentes chinos. Las relaciones con los Estados Unidos de Bill Clinton estuvieron fundadas en una colaboración comercial, lo que no era obstáculo para que las relaciones con Washington fueran ambiguas. ¿Cómo había que interpretar el lanzamiento de misiles estadounidenses sobre la embajada de China en Belgrado, en mayo de 1999? ¿«Error», según los estadounidenses, o advertencia?

Con la presidencia de G. W. Bush, China fue designada como «competidor estratégico» y Estados Unidos reiteró su voluntad de proteger Taiwán.[1] Pero los intercambios comerciales continuaron como en el pasado, aun cuando Estados Unidos pretendió modificar el reparto en materia monetaria (la revaluación del yuan). El superávit comercial chino con relación a Estados Unidos alcanzaba, en 2001, unos 150.000 millones de dólares. China se sitúa en materia de PNB en la sexta posición mundial. El hecho de que su crecimiento anual, el cual varía, según las estimaciones, entre un 6 y un 9 %, se encuentre desigualmente repartido no extrañará a los lectores de F. Engels, que describe un fenómeno similar (en su obra *La situación de la clase obrera en Inglaterra*, 1845). Un cuarto de la población fue abandonado, sin duda, a su albur.

Para China, los intercambios con Estados Unidos son fundamentales. Las relaciones entre los dos países fluctúan según se trate de Taiwán, de la proliferación de armas de destrucción masiva (Pakistán, etc.), de la balanza comercial o, en ocasiones, de los derechos humanos (Tíbet, etc.). Las relaciones comerciales con Japón, a pesar de un contencioso histórico, se han incrementado. Las relaciones con el vecino —proyecto de oleoducto Irkutz-Tiajin— son buenas en su conjunto, y, por lo demás, China concede una gran importancia a los hidrocarburos de la Cuenca del Cas-

---

1. La reflexión estratégica china en el momento de la hegemonía estadounidense es especialmente estimulante y original. Véase Qiao Liang y Wang Xiangsui, *La Guerre hors limites*, prefacio de Michel Jan, Payot, 2003.

CHINA Y LA PERCEPCIÓN DE SU SEGURIDAD

FEDERACIÓN DE RUSIA

KAZAJSTÁN

MONGOLIA

Pekín (Beijing)

COREA DEL NORTE

JAPÓN

KIRGUIZISTÁN

Urumqi

Tianjin

MONGOLIA INTERIOR

AFGANISTÁN

XINJIANG

COREA DEL SUR

Lianyungang

Océano Pacífico

CHINA

Wuhan

Shanghai

PAKISTÁN

XIZANG

Lhasa

TAIWÁN

NEPAL

Chongqing

Hong Kong

INDIA

MYANMAR

VIETNAM

FILIPINAS

Océano Índico

TAILANDIA

INDONESIA

AUSTRALIA

Estados rivales en diferentes grados

Estados que mantienen relaciones cordiales en diferentes grados pio, especialmente a los del Kazajstán. En Kirguizistán, se desarrollaron maniobras militares conjuntas.

China mantiene con el ASEAN (Asociación de Naciones del Sureste Asiático), gracias a la connivencia de Tailandia y Singapur, relaciones de potencia complaciente. Aunque China no tenga contenciosos serios con la India, subyace la rivalidad de ésta con respecto al gran vecino más poderoso. Las discordias con los uigures (1991-1997) no perturbaron aparentemente la estabilidad de una región en que el número de chinos Han no ha dejado de aumentar en el curso de las últimas décadas. El hecho de que el 92 % de la población de China esté compuesto de Han siempre ha sido, a lo largo de la historia, una baza para China, incluso cuando era objeto de una conquista.

Con una relativa confianza —aunque se multipliquen los problemas en Hong Kong, que regresó a su seno en 1997, si bien con un estatuto especial—, China pretende acoger los Juegos Olímpicos de 2008 en Pekín y la Exposición Universal de 2010 en Shanghai.

La amenaza balística
norcoreana

El de Corea del Norte es uno de los regímenes más aberrantes que haya producido el «marxismo-leninismo» y uno de los más aislados en todos los sentidos por la megalomanía de sus sucesivos dirigentes.

Las amenazas balísticas o nucleares potenciales, que este país hace pesar sobre su exangüe economía, ponen en peligro el equilibrio regional en la medida en que provocan en Japón la tentación de un rearme más enérgico. Este factor no favorece los intereses de China, que puede, en conjunción con Rusia, ejercer una fuerte presión sobre Corea del Norte a fin de que no se ponga en peligro el estatuto regional.

REALIDAD Y PROYECTO BALÍSTICO NORCOREANO

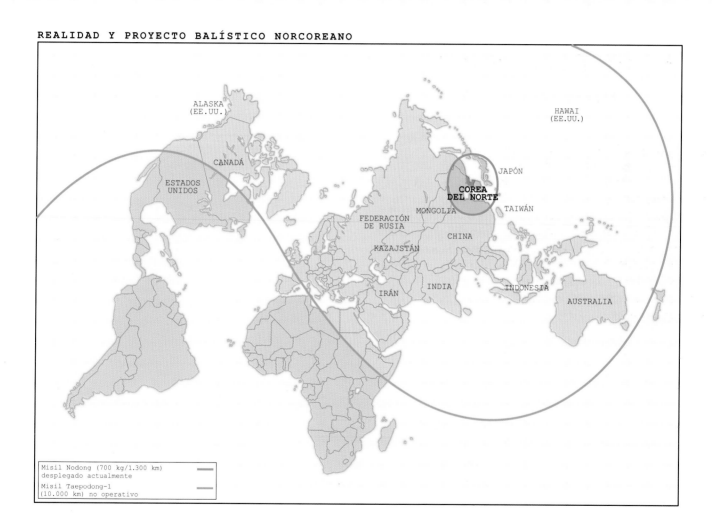

ALASKA
(EE.UU.)

HAWAI
(EE.UU.)

CANADÁ

JAPÓN

ESTADOS
UNIDOS

**COREA
DEL NORTE**

TAIWÁN

MONGOLIA

FEDERACIÓN
DE RUSIA

CHINA

KAZAJSTÁN

INDIA

INDONESIA

IRÁN

AUSTRALIA

Misil Nodong (700 kg/1.300 km)
desplegado actualmente

Misil Taepodong-1
(10.000 km) no operativo

Irán

Desde la revolución jomeinista, Irán no ha dejado de ser a la vez un país aislado y sólidamente sostenido por los mulás, cualesquiera que sean sus discrepancias.

Aislamiento durante la guerra con Irak (1980-1988). Aislamiento en la actualidad, a pesar de las relaciones cordiales con Moscú, Pekín y Delhi, especialmente a partir de la presencia estadounidense en Afganistán, al este, y en Irak, al oeste. Sea cual fuere el grado de cooperación no oficial con Estados Unidos para franquearse una ventana diplomática, Irán no ignora que representa para Washington su principal adversario.

Nadie pone en duda que, a lo largo del próximo período, el programa nuclear iraní (en el que Rusia colaboró en principio en la perspectiva de finalidades civiles) se convertirá en la manzana de la discordia entre Estados Unidos e Irán.

La presencia de uranio enriquecido en Natanz acentuará la presión de los inspectores internacionales de la Agencia de Energía Atómica. No está excluido que un bombardeo aéreo inesperado ponga término al programa nuclear iraní, porque Estados Unidos no va a permitir que un Estado de Oriente Medio considerado como hostil posea armamento nuclear. Esto es sólo una hipótesis, pero tal iniciativa entraría en la lógica de la administración Bush y, más concretamente, del Pentágono.

IRÁN Y SU PERCEPCIÓN DE LAS AMENAZAS

KAZAJSTÁN

FEDERACIÓN
DE RUSIA

Mar Negro

Mar
de
Aral

GEORGIA

UZBEKISTÁN

TURQUÍA

ARMENIA

AZERBAIYÁN

Mar Caspio

TURKMENISTÁN

CHIPRE

Tabriz

Mar
Mediterráneo

SIRIA

Rasht

LÍBANO

Karaj

Mashhad

ISRAEL

Kermanshah

Teherán

JORDANIA

Arak

IRAK

Natanz

Saghand

AFGANISTÁN

Ispahán

EGIPTO

IRÁN

Fábrica nuclear
en construcción

ARABIA
SAUDÍ

KUWAIT

Shiraz

Zahedan

Mar
Rojo

Bushehr

Bandar-e
Abbas

PAKISTÁN

QATAR

Estrecho
de Hormuz

E. A. U.

OMÁN

Océano Índico

Estados hostiles a Irán	
Estados favorables a Irán	
Reactores de investigación nuclear	
Minas de uranio	
Enriquecimiento del uranio	
Fabricación de agua pesada	
Tratamiento del uranio	

Turquía

Turquía, geográficamente situada en Asia Menor, es una encrucijada estratégica entre Europa, Oriente Medio, el Cáucaso y Asia central.

Miembro de la OTAN, del Consejo de Europa, de la Organización de la Conferencia Islámica y del T-6, que agrupa a los seis Estados turcófonos, está también vinculada, desde 1996, por acuerdos militares y estratégicos con Israel. De una forma más restringida, forma parte de una organización de cooperación económica con Irán, Pakistán y el T-6, así como de la Unión Económica del Mar del Norte. Desde 1996, está ligada por una alianza aduanera con la Unión Europea. Turquía trata, por encima de todo, de que se acepte su candidatura en Europa. Europa absorbe dos tercios de su comercio exterior. Finalmente, Turquía es ante todo el aliado estratégico de Estados Unidos.

Turquía nació, inmediatamente después de una guerra desastrosa en la que desapareció el Imperio Otomano, gracias al talento de Mustafá Kemal. Los Jóvenes Turcos, en el transcurso de una exterminación programada, habían eliminado, durante el conflicto, toda presencia armenia en Anatolia (1915-1916).

Tras la victoria de las tropas turcas en la guerra greco-turca, se completó la recomposición étnica mediante un intercambio de poblaciones —1.200.000 griegos por 650.000 turcos— entre los dos países.

El Estado-nación, que creó con fórceps Mustafá Kemal (1923), se forjó sobre el modelo jacobino, laico y modernista, en una época en que Europa representaba el modelo por excelencia. El despotismo ilustrado de Mustafá Kemal no tenía equivalente en el mundo musulmán. En el vecino Irán, Reza Sha no era más que una pálida copia, que también imitaba, con menos éxito, el afgano Amanulah.

La Turquía moderna se confeccionó un nacionalismo receloso fundado en dos rechazos: la realidad de la liquidación física de los armenios y la existencia, en su seno, de una entidad kurda que representa cerca del 20 % de la población. Los kurdos sólo disfrutaban del derecho a la asimilación y fueron, en diversas ocasiones, reprimidos con mucha dureza. Para protegerse de la amenaza soviética (por la reivindicación de Stalin, inmediatamente después de la Segunda Guerra Mundial, de las regiones de Kars y de Ardahan), Turquía se convertía en miembro de la OTAN (1952). Y pronto formulaba una primera solicitud de adhesión a la Comunidad Económica Europea (1963). En 1974, el ejército turco invadió Chipre y ocupó su parte septentrional. Allí sigue todavía.

Las ambiciones geopolíticas de Turquía sobrepasan, en la hora actual, sus capacidades económicas, puesto que se trata de un Estado con una grave crisis financiera. Necesita integrarse en la Unión Europea para beneficiarse de las ventajas habituales de que disfrutan los Estados cooptados. Necesita acentuar su presencia comercial y diplomática en el Asia central turcófona, hasta los mercados chinos (uigures). Necesita reafirmar su presencia en el Cáucaso, tanto en el Sur (Azerbaiyán, Georgia) como en el

TURQUÍA Y ESTADOS TURCÓFONOS DE ASIA CENTRAL

RUMANÍA

BULGARIA

GRECIA

GAGAUZOS

UCRANIA

FEDERACIÓN DE RUSIA

● Odesa

● Kazán

*TÁRTAROS
DE CRIMEA*

● Estambul

TÁRTAROS

Ufa ●

BASHKIROS

● Omsk

Volga

Itish

Obi

Ankara ●

TURQUÍA

*Mar
Mediterráneo*

*KARACHAEVS
BALKARES*

● Astracán

● Novosibirsk

KAZAJOS

GEORGIA

ARMENIA

AZERBAIYÁN

● Karaganda

SIRIA

● Baků

*Mar
de Aral*

KAZAJSTÁN

Lago Baljash

MONGOLIA

Mosul ●

Tabriz ●

*Mar
Caspio*

KAZAJOS

KAZAJOS

Kirkuk ●

AZERÍES

Bagdad ●

TURKMENISTÁN

UZBEKISTÁN

Tashkent ●

Almaty ●

UIGURES

IRAK

Teherán ●

Ashjabad ●

Bishkek ●

KIRGUIZISTÁN

Urumqui ●

Mashad ●

Samarcanda ●

TAYIKISTÁN

Kashgar ●

UIGURES

IRÁN

CHINA

Kabul ●

AFGANISTÁN

Turquía (turcos occidentales)	
Turcófonos	

norte musulmán. El oleoducto que parte de Bakú llega, vía Tbilisi, hasta el puerto de Ceyhan, lo que incrementa la importancia estratégica de Turquía. También necesita desarrollar una política medio-oriental activa, especialmente con la mira puesta en el norte de Irak. En efecto, Turquía tolera mal que los kurdos de Irak dispongan no sólo de una autonomía *de facto*, sino que puedan estar presentes en Kirkuk y participen en el poder en Bagdad. Utilizando a la minoría turkmena, Turquía pretende sembrar la discordia y, mediante la presencia eventual de sus tropas (llamadas de mantenimiento de paz), hacer lo posible para crear serias dificultades a los kurdos de Irak. Por otra parte, Turquía desempeña un papel importante en el reparto de las aguas del Éufrates y del Tigris, que concierne a sus vecinos meridionales.

Sea cual sea la modernidad de sus élites, la separación de éstas con respecto al país real —Anatolia— sigue siendo, como en toda sociedad atrasada, considerable. Turquía es un Estado semidemocrático de tradición despótica, como no ha dejado de poner de manifiesto a lo largo de los últimos decenios la fuerte vigilancia ejercida por el Consejo Nacional de Seguridad (MGK). En efecto, hasta el momento, el ejército ha sido siempre quien ha dado las orientaciones fundamentales e impuesto los límites, inclusive mediante golpes de Estado. Desde luego, desde el ascenso de los «islamistas moderados», el tablero turco se ha vuelto más complejo. Pero las reformas emprendidas apresuradamente para cumplir con las condiciones de adhesión de la Unión Europea ¿son acaso el inicio de cambios reales o son meramente cosméticas?

La cuestión de la integración de Turquía en la Unión Europea ha quedado planteada.

Los derechos humanos y los de las minorías apenas se respetan, como han confirmado las instancias europeas. ¿En qué otro país decenas de presos llegan a inmolarse por el fuego para protestar contra las condiciones de su detención? Se hace un uso sistemático de la tortura. Los derechos concedidos a los kurdos son papel mojado.

El estatuto de Chipre, hasta el presente, está bloqueado por voluntad del ejército.

En términos contables —hay que recordar que los Estados se determinan según sus intereses, no en relación con sus promesas—, el retraso económico de Turquía y su peso demográfico ¿no deben acaso ser tenidos seriamente en cuenta por los europeos? Turquía, miembro de la OTAN, es ya un socio estratégico. Comercialmente, ya está vinculada a Europa por una alianza aduanera. Se dijo que Turquía sería un baluarte contra los islamistas. No existe muralla contra el terrorismo de los islamistas radicales, salvo el trabajo de la policía. En cuanto a los islamistas, sean moderados o no, son más numerosos en Turquía que en la Unión Europea.

El argumento según el cual sería bueno incluir un Estado musulmán para que no se acuse a la Unión Europea de ser un «club cristiano» es absurdo. Europa ha acogido a millones de musulmanes (entre otros) y seguirá acogiendo todavía a millones de ellos. Ningún país árabe, sea dicho de paso, se alegrará de ver a la Turquía «musulmana» convertirse en miembro de la Unión Europea. La cotización de Turquía en tanto que país musulmán sólo es elevada en Bosnia y entre los albaneses de esta confesión, así como en Pakistán.

TURQUÍA Y SUS INTERESES GEOPOLÍTICOS

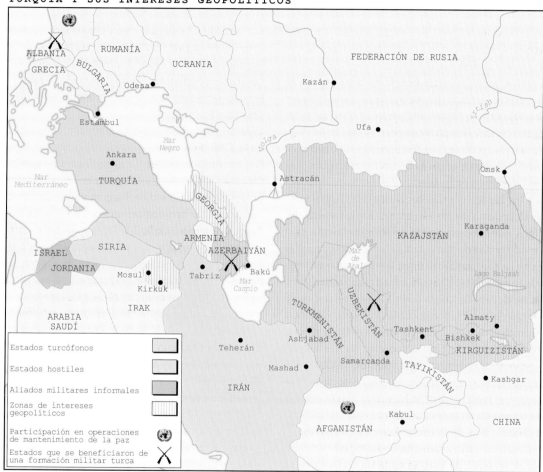

Leyenda:

- Estados turcófonos
- Estados hostiles
- Aliados militares informales
- Zonas de intereses geopolíticos
- Participación en operaciones de mantenimiento de la paz
- Estados que se beneficiaron de una formación militar turca

Al margen de estos argumentos, la cuestión de la integración de Turquía en la Unión Europea es capital para definir el modelo de Europa que se pretende. Si Turquía, aliada estratégica de Estados Unidos, es admitida, no habrá una Europa con un proyecto político. Con Turquía, la Unión Europea quedará reducida a una asociación de Estados fundada en el librecambismo, tal como pretende Gran Bretaña, y eventualmente con una moneda común, pero sin voluntad política y con un peso despreciable en la escena internacional. Es conveniente, cualquiera que sea la elección, que se decida con conocimiento de causa.

Chipre

Entre 1963 y 1970, y más concretamente tras la invasión de 1974, miles de griegos —y de turcos— chipriotas fueron desplazados, lo que creó zonas homogéneas en el plano étnico. La parte griega de la isla se desarrolló vigorosamente hasta el punto de ser la economía más próspera de los candidatos a la Europa de 2004. La población griega está estimada en unos 800.000 habitantes. No sucede lo mismo en la zona turca, autoproclamada república independiente (únicamente reconocida por Turquía), poblada por unos 210.000 habitantes (en 2001) de los que, según la Unión Europea, 93.000 nacieron en Turquía y se instalaron en Chipre después de la ocupación militar.

A pesar de la intervención en 2003 del secretario general de las Naciones Unidas con objeto de llegar a un arreglo, no se ha desbloqueado la situación con la parte turca, que dispone del apoyo del ejército. ¿Se aferrará el ejército a sus posiciones en 2004 o, mediante un gesto destinado a facilitar la adhesión de Turquía a Europa, aceptará la reunificación de la isla, al tiempo que, para redoblar la expresión de su disposición, accederá a la liberación de los parlamentarios kurdos encarcelados, entre los cuales se encuentra la célebre Leyla Zana?

EL CONTENCIOSO CHIPRIOTA

Mar Mediterráneo

Rizokarpaso

Kyrenia

Morfú

ZONA TURCA

NICOSIA

Famagusta

Polis

ZONA GRIEGA

Larnaca

Dhekelia
Sovereign Base

Pafos

Vasilikos

Episkopi

Limasol

Akrotiri
Sovereign Base

Zonas que deben ser devueltas a
los griegos bajo control de la ONU

Zona de amortiguación controlada
por la ONU

Bases británicas

Poblaciones turcas (1973)

Las zonas *sensibles*

Los próximos años seguirán estando marcados por el fenómeno terrorista, esencialmente islamista. Sus blancos serán por naturaleza las ciudades populosas, los lugares simbólicos y las zonas de alta densidad humana. No se excluye que Israel, cuyo conflicto estuvo desde hace tiempo circunscrito exclusivamente al pueblo palestino, se convierta en uno de los blancos privilegiados de los islamistas de cualquier convicción.

REGIONES DE ALTA OCUPACIÓN HUMANA

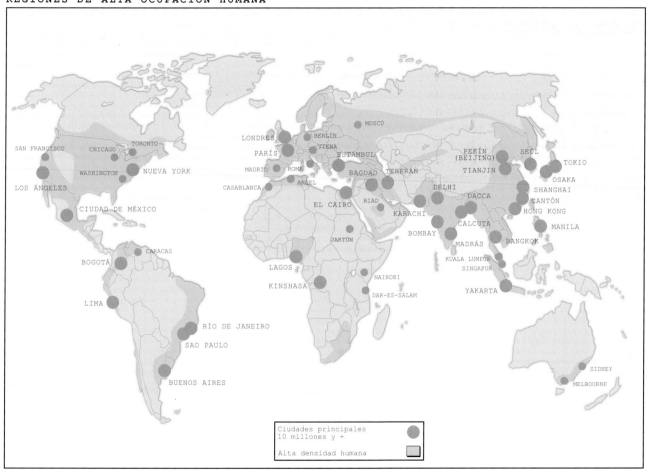